Inhaltsverzeichnis

KreditSR

B I

Themenverzeichnis

KreditSR

C I

Themenverzeichnis

Themenverzeichnis

Themenverzeichnis

Arten von Sicherungsmitteln

Räumt eine Partei einer anderen im Rechtsverkehr einen Kredit ein, z.B. in Form eines Darlehens gem. § 488 BGB oder in Form eines Zahlungsaufschubs, besteht für den Kreditgeber das Risiko, dass der Schuldner später finanziell nicht mehr in der Lage ist oder sich schlichtweg weigert, den gewährten Kredit zurückzuzahlen. Der Kreditgeber kann dann seinen schuldrechtlichen Rückzahlungsanspruch gerichtlich geltend machen und Befriedigung im Wege der Zwangsvollstreckung suchen. Sollte der Schuldner jedoch bereits mittellos sein, besteht die Gefahr, dass der Gläubiger mit seiner Forderung ausfällt, da das Vermögen des Schuldners durch die Befriedigung vorrangiger Gläubiger bereits aufgezehrt ist. Um diese Gefahr zu vermeiden, kann sich der Gläubiger bei Gewährung des Kredits eine Sicherheit bestellen lassen. Das die Sicherheit begründende Schuldverhältnis ist strikt von dem Schuldverhältnis zu unterscheiden, das die zu sichernde Forderung begründet.

Welche Arten von Sicherungsmitteln kennen Sie? Nennen Sie jeweils Beispiele.

Arten von Sicherungsmitteln:

1. Personalsicherheiten: Es stellt sich eine Person mit ihrem Vermögen für die Sicherung zur Verfügung.

Personalsicherheiten sind die **Bürgschaft** (§§ 765 ff. BGB), der **Schuldbeitritt**, auch Schuldmitübernahme genannt (§§ 311 I, 241 BGB), und der **Garantievertrag** (§§ 311 I, 241 BGB).

2. Realsicherheiten: Im Sicherungsfall kann sich der Gl an einen Vermögensgegenstand halten. Dieser Vermögensgegenstand kann, muss aber nicht dem Schuldner gehören. Unabhängig davon bezeichnet man denjenigen, der hier sein Eigentum als Sicherheit zur Verfügung stellt, als Sicherungsgeber (SG).

Bei den Realsicherheiten sind **folgende Kategorien** zu unterscheiden:

- **Mobiliarsicherheiten: Pfandrecht** (§§ 1204-1258 BGB), **Eigentumsvorbehalt** (§§ 929, 158 I BGB), **Sicherungsübereignung** (§§ 929 ff. BGB), **Sicherungsnießbrauch** (§ 1030 BGB).

- **Sicherheiten an Rechten: Pfandrecht** (§§ 1273-1296 BGB), **verlängerter Eigentumsvorbehalt** (§§ 929 ff., 185 I, 398, 433 II BGB), **Sicherungsabtretung (-zession)** (§ 398 BGB), **Sicherungsnießbrauch** (§ 1070 BGB).

- **Immobiliarsicherheiten: Hypothek** (§§ 1113-1190 BGB), **Grundschuld** (§§ 1191-1198 BGB), **Rentenschuld** (§§ 1199-1203 BGB).

hemmer-Methode: Die Vormerkung stellt ein Sicherungsmittel eigener Art dar, das ausschließlich dazu bestimmt ist, einen schuldrechtlichen Anspruch auf dingliche Rechtsänderung zu sichern, § 883 BGB. Die Vormerkung ist also keine Kreditsicherheit im eigentlichen Sinne. Sie ist ein Sonderfall, der in SachenR III, Rn. 98 ff. dargestellt wird.
Achtung: Die Personalsicherheiten kennen keine Beschränkung auf einen Vermögensgegenstand. Das gesamte Vermögen des Sicherungsgebers ist Haftungsmasse für den Kredit. Aus diesem Grund ist der Satz „wer bürgt, wird erwürgt" auch verständlich. Der Nachteil bei der Personalsicherheit für den Gläubiger ist jedoch, dass der Sicherungsgeber verarmen kann, während die Realsicherheit meistens Wertbeständigkeit besitzt.

Bei der Bestellung einer Sicherheit ergeben sich vier verschiedene Beteiligtenrollen in zwei rechtlichen Beziehungen. Die zu sichernde Forderung wird in einem Schuldverhältnis begründet. Mit dem Sicherungsvertrag zwischen Sicherungsnehmer (SN) und Sicherungsgeber (SG) wird die Sicherheit bestellt. SN und Gläubiger (Gl) können, müssen jedoch nicht identisch sein. Der persönliche Schuldner (S) kann gleichzeitig auch der SG sein, allerdings nicht bei allen Sicherheiten, so z.B. nicht bei der Bürgschaft.

Halten Sie die beiden Rechtsbeziehungen genau auseinander. Dies ist auch für die Unterscheidung von akzessorischen und nicht-akzessorischen Sicherungsmitteln von Bedeutung.

Was besagt der Akzessorietätsgrundsatz, und welche Auswirkungen hat er bei den examensrelevantesten akzessorischen Sicherungsmitteln Bürgschaft und Hypothek?

Nach dem **Akzessorietätsgrundsatz** ist das **Sicherungsmittel in Entstehung und Fortbestand von der zu sichernden Forderung abhängig**. Die Akzessorietät hat folgende Auswirkungen:

- Das **Sicherungsmittel entsteht nur, wenn die zu sichernde Forderung entsteht**, vgl. für die Bürgschaft § 765 BGB. Für die Hypothek gilt eine Ausnahme, im Falle einer fehlenden Forderung entsteht eine Eigentümergrundschuld (EGS), §§ 1163 I S. 1 i.V.m. 1177 I BGB.

- Die **zu sichernde Forderung bestimmt den Umfang des Sicherungsmittels**, vgl. § 767 I S. 1 BGB bei der Bürgschaft.

- Das **Sicherungsmittel geht bei Abtretung der zu sichernden Forderung mit über**. Für die Bürgschaft ergibt sich dies aus § 401 BGB, für die Hypothek auch aus § 1153 I BGB.

- Die **Einreden gegen die zu sichernde Forderung können auch dem Sicherungsmittel entgegengehalten** werden, siehe für die Bürgschaft § 768 BGB, für die Hypothek § 1137 BGB.

- **Erlischt die zu sichernde Forderung, so erlischt auch das Sicherungsmittel**. Dies folgt für die Bürgschaft aus §§ 765 I, 767 I S. 1 BGB. Für die Hypothek gilt allerdings die Besonderheit, dass in diesem Falle eine EGS, §§ 1163 I S. 2, 1177 I S. 1 BGB, entsteht.

hemmer-Methode: Vergegenwärtigen Sie sich gleich zu Beginn die Bedeutung des Akzessorietätsgrundsatzes! Die nicht-akzessorischen Sicherungsmittel, wie z.B. die Sicherungsübereignung und -zession oder die Grundschuld, sind abstrakt wirksam, aber auch bei ihnen wird über die Sicherungsabrede ein Zusammenhang mit der zu sichernden Forderung geschaffen. So können z.B. bei der Grundschuld die Einreden gegen die zu sichernde Forderung über den Sicherungsvertrag gegen die Grundschuld geltend gemacht werden.

Verschaffen Sie sich einen Überblick über die möglichen Problemkonstellationen, die Ihnen i.R. eines Sicherungsgeschäftes begegnen können, indem Sie KreditsicherungsR, Rn. 8 lesen.

Formbedürftigkeit

Voraussetzung einer Bürgschaft sind ein Bürgschaftsvertrag zwischen SG und SN und das Bestehen einer zu sichernden Forderung. Der Bürgschaftsvertrag kann zwischen dem Gl und dem Bürgen, aber auch zwischen Schuldner und Bürgen als Vertrag zu gunsten des Gläubigers abgeschlossen werden. Er begründet eine eigene Verpflichtung des Bürgen gegenüber dem Gl, die von der Hauptschuld des S zu unterscheiden ist. Sichert die Bürgschaft z.B. eine Kaufpreisforderung, dann hat der Gl eine Forderung gegen den Schuldner aus § 433 II BGB und einen selbständigen Anspruch aus § 765 I i.V.m. § 433 II BGB gegen den Bürgen.

1. **Inwieweit ist der Bürgschaftsvertrag formbedürftig?**
2. **Ist auch ein Vorvertrag, in dem sich der SG zum Abschluss des Bürgschaftsvertrages verpflichtet, formbedürftig?**

1. § 766 S. 1 BGB sieht nur ein Schriftformerfordernis für die Erklärung des Bürgen vor. Eine ohne Beachtung der Schriftform abgegebene Erklärung ist gem. §§ 125 S. 1, 126 I BGB nichtig. **Die Annahmeerklärung des SN ist nicht formbedürftig**. Dies ist eine logische Konsequenz aus dem Sinn und Zweck des Schriftformerfordernisses, das den Bürgen vor einer Übereilung schützen und warnen soll. Der SN ist nicht schutzwürdig, da für ihn die Bürgschaftserklärung nur Vorteile bringt.

Nach dem BGH bedürfen einzelne Vereinbarungen, die für den Bürgen lediglich günstig sind, nicht des Schriftformerfordernisses, da er dann keines Schutzes bedarf. *Dies ist z.B. der Fall, wenn die Parteien bestimmen, dass der Bürge nur bis zu einem bestimmten Betrag haften soll.* In der Klausur stellt sich für Sie dann die Frage, ob eine solche Höchstbetragsklausel überhaupt vom Rechtsbindungswillen der Parteien umfasst ist. In der Praxis besteht das Problem, dass der Bürge beweisen muss, dass sich die Parteien darüber mündlich geeinigt haben (vgl. KreditsicherungsR, Rn. 10 ff.)

2. Auch der **Vorvertrag unterliegt dem Formerfordernis des § 766 S. 1 BGB**, **ansonsten könnte die Vorschrift umgangen werden**. Da der Bürge sich im Vorvertrag zur Abgabe einer Bürgschaftserklärung verpflichtet, ist seine Schutzbedürftigkeit lediglich vorverlagert.

hemmer-Methode: Im Rahmen der Formerfordernisses können in der Klausur mehrere Probleme eingebaut werden. Fehlt die Form des § 766 S. 1 BGB, so kann wegen des Formmangels eine Abgrenzung zum formlosen Schuldbeitritt und Garantievertrag erforderlich sein. Beachten Sie: Ein Telefax reicht für das Schriftformerfordernis nicht aus. Besonderheiten ergeben sich, wenn der SG ein Vollkaufmann ist. Für ihn gilt gem. § 350 HGB das Schriftformerfordernis nicht. Dabei ist umstritten, ob § 350 HGB auch für Scheinkaufleute gilt (siehe dazu HandelsR, Rn. 261 f.).
Vergessen Sie aber nicht, dass die mangelnde Form gem. § 766 S. 3 BGB geheilt werden kann.

Auslegungsbedürftige Bürgschaftserklärung

Die Bürgschaftserklärung hat alle Essentialia der Bürgschaft zu enthalten, also den Gl, den S, die zu sichernde Forderung, den Bürgen und dessen Erklärung, er verbürge sich für die Forderung. Ist die Bürgschaftsurkunde nur bzgl. eines dieser Merkmale unvollständig, dann ist die gesamte Bürgschaft nichtig. Im Einzelfall kann jedoch aus der Bezeichnung der Hauptschuld auf die Person des nicht erwähnten Gläubigers geschlossen werden, oder die Person des Gl oder S auf den Inhalt der nicht fixierten Hauptschuld hinweisen.

Problematisch ist der Fall einer zwar vollständigen, aber auslegungsbedürftigen Bürgschaftserklärung.

Der SG erteilt dem S eine Bürgschaftsurkunde, in der er erklärt, er „verbürge sich demjenigen Kaufmann oder Kapitalist oder derjenigen Firma", die dem S einen Kredit über 10.000 EUR geben würde, für alle dem S aus dieser Darlehensaufnahme entstehenden Verbindlichkeiten.

Liegt eine wirksame Bürgschaftserklärung vor?

Die Bürgschaftsurkunde könnte unvollständig und damit gem. §§ 766 S. 1, 125 S. 1, 126 I BGB formnichtig sein, da die Person des Gläubigers nicht ausdrücklich genannt ist. Diese ergibt sich erst aus dem Zusammenhang mit der Darlehenshingabe.

Die **Rechtsprechung** wendet **bei der Auslegung formbedürftiger Willenserklärungen die Andeutungstheorie** an. Danach können auch **Tatsachen** außerhalb der Urkunde zur Auslegung des Erklärten herangezogen werden, sie müssen aber **in der schriftlichen Erklärung** einen, wenn auch unvollkommenen, **Ausdruck gefunden** haben. Ist die Bedeutung der Bürgschaftserklärung lediglich über außerhalb der Urkunde liegende Umstände zu erfassen, so ist die Bürgschaft gem. §§ 766 S. 1, 125 S. 1, 126 I BGB formnichtig.

An der Auffassung der **Rspr. wird kritisiert**, dass gerade in strittigen Fällen objektive Kriterien fehlen, nach denen entschieden werden könnte, ob etwas unvollkommen oder gar keinen Ausdruck gefunden hat. Zudem ist es häufig zufällig, ob eine wesentliche Tatsache angedeutet worden ist oder nicht. **Daher soll es nach anderer Auffassung genügen, wenn die Parteien meinen, eine Erklärung im Sinne ihres übereinstimmenden Willens abgegeben zu haben, auch wenn das objektiv Erklärte das übereinstimmend Gewollte nicht zum Ausdruck bringt**.

Im **Beispielsfall** kommen **beide Ansichten** aber zum **selben Ergebnis**. Die Umstände der Darlehenshingabe, aus denen sich die Person des Gl ergibt, klingen im Schriftstück an. Die Parteien des Bürgschaftsvertrages waren auch bei dessen Abschluss übereinstimmend davon ausgegangen, dass die in der Urkunde benutzten Formulierungen den Gl hinreichend genau beschreiben würden.

Die **Bürgschaftserklärung ist nicht** nach § 766 S. 1 BGB **formnichtig** (vgl. KreditsicherungsR, Rn. 12 ff.).

hemmer-Methode: Da beide Lösungsansätze zum selben Ergebnis gelangen, müssen Sie sich also nicht für einen entscheiden, sondern nur beide mit ihren Vor- und Nachteilen darstellen. Denken Sie auch fächerübergreifend. Die Andeutungstheorie ist Ihnen schon einmal im Erbrecht bei der Auslegung von Testamenten begegnet (vgl. dazu ErbR, Rn. 63 ff.).

Blankourkunde

Häufig gibt der SG (= Bürge) dem S eine von ihm unterzeichnete, aber noch unvollständige Bürgschaftsurkunde mit, wenn die Person des Gl oder die Forderungshöhe noch nicht feststeht. Hat der S dann einen Geldgeber gefunden, so ist er vom SG ermächtigt, die Blankourkunde abredegemäß auszufüllen. Zeitpunkt des Vertragsschlusses zwischen SG und Gl ist dann die Übergabe der ausgefüllten Urkunde an den Gl und die Annahme der Erklärung des Bürgen durch den Gl. Probleme ergeben sich jedoch, wenn S die Urkunde nicht abredegemäß ausfüllt.

SG gibt S eine unterschriebene Blankobürgschaftsurkunde. Es ist vereinbart, dass S damit einen Kredit i.H.v. 10.000 EUR aufnehmen darf. S füllt das Blankett mit 50.000 EUR aus und erhält unter Vorlage der Bürgschaftsurkunde bei Gl ein Darlehen in dieser Höhe. Nachdem S dem Gl das Geld nicht zurückzahlt, will sich Gl nun an SG halten. Der will nicht zahlen, zumindest aber nicht 50.000 EUR.

Hat Gl einen Anspruch gegen SG?

Gl könnte gegen SG einen **Anspruch aus § 765 I i.V.m. § 488 BGB** i.H.v. 50.000 EUR haben.

Bei der **Übergabe der abredewidrig ausgefüllten Urkunde** könnte zwischen SG und Gl ein **Bürgschaftsvertrag** zustande gekommen sein. Fraglich ist dabei die Rechtsstellung des S.

S war kein Bote, da er nicht bloß eine fremde WE übermittelt hat, sondern die zu übermittelnde WE noch vervollständigen musste. **S war auch nicht Vertreter**, da er keine eigene WE in fremdem Namen abgab, sondern eine lediglich durch ihn vervollständigte WE des Bürgen überbrachte. Hätte er die Bürgschaftserklärung als Vertreter abgegeben, dann hätte seine Erklärung und nicht die des Bürgen der Schriftform bedurft.
S handelte aufgrund einer gesetzlich nicht geregelten, aber **allgemein anerkannten Ausfüllungsbefugnis. Der Ausfüllungsbefugte verpflichtet den Befugnisgeber auch dann, wenn er seine Rechtsmacht überschreitet, und der Gl auf die Richtigkeit der Urkunde vertraute und vertrauen durfte**. Der Gl ist schutzwürdig, da er i.d.R. das Innenverhältnis zwischen S und SG nicht kennt und den Kredit nur im Hinblick auf die Bürgschaft erteilt.

Fraglich ist, ob sich der SG von seiner Verpflichtung aus diesem Bürgschaftsvertrag lösen kann.
Nach **e.A.** kann der Bürge gem. **§ 119 I BGB** anfechten, da der Fall einem **Inhaltsirrtum** gleichzustellen sei. Wille und Erklärung des Bürgen fallen auseinander. Der SG schuldet dem Gl gem. § 122 I BGB den Vertrauensschaden.
Die **h.M**. wendet den **§ 172 II BGB analog** auf Blanketturkunden an. Der Bürge muss nach den Grundsätzen der **Rechtsscheinhaftung** die Erklärung gegen sich gelten lassen, da er schließlich bewusst das Risiko einer abredewidrigen Ausfüllung eingeht. **Eine Rechtsscheinhaftung ist jedoch generell nicht anfechtbar**. *Allerdings kann Gl den SG dann nicht i.H.v. 50.000 EUR in Anspruch nehmen, wenn der Gl die abredewidrige Ausfüllung erkannt hatte* (vgl. § 173 BGB). Nach BGH soll der SG dann nicht einmal über die gewollten 10.000 EUR in Anspruch genommen werden können, da insoweit die Schriftform der Bürgschaftserklärung fehle. *Dagegen spricht jedoch, dass der SG in dieser Höhe hätte bürgen müssen, hätte S das Blankett abredegemäß ausgefüllt*. Die abredewidrige Ausfüllung des Blanketts soll dem Bürgen nicht schaden, ihm aber auch keine Vorteile bringen, § 242 BGB.

hemmer-Methode: § 166 I BGB gilt entsprechend, wenn der Ausfüllungsbefugte sich in obiger Konstellation verschreibt. Der Befugnisgeber kann anfechten, wenn sich der Ermächtigte in einem nach § 119 BGB beachtlichen Irrtum befunden hat.

Anfechtbarkeit, Sittenwidrigkeit des Bürgschaftsvertrages

Der Bürgschaftsvertrag kann aus denselben Gründen unwirksam sein wie jeder andere Vertrag auch. So kann der Vertrag insbesondere angefochten werden oder sittenwidrig sein.

1. **Kann SG seine Bürgschaftserklärung gegenüber Gl anfechten, wenn S ihn über seine Vermögensverhältnisse getäuscht hat?**
2. **Tochter SG ist 18 Jahre alt, arbeitet als Lehrling in einer Bäckerei und ist in geschäftlichen Dingen recht unerfahren. Ihr Vater S erhält von der Gl-Bank für ein riskantes Geschäft einen Kredit i.H.v. 1 Million EUR. Der Gl-Bank ist das mit dem Geschäft verbundene Risiko bekannt. Trotzdem bittet einer ihrer Mitarbeiter die Tochter SG um die Übernahme einer Bürgschaft für ihren Vater. Dabei erklärt er, dass sie dabei keine große Verpflichtung einginge und ihre Unterschrift eine reine Formalie sei, die er für seine Akten benötige.**

Ist der Bürgschaftsvertrag wirksam?

1. Zwar befand sich SG in einem Irrtum über eine Eigenschaft des S, nämlich dessen Vermögenssituation, dennoch kann er seine **Bürgschaftserklärung nicht gem. § 119 II BGB anfechten**, da ansonsten der **Sicherungszweck der Bürgschaft** leer laufen würde. **Der Bürge übernimmt ja gerade das Risiko, dass der Hauptschuldner seine Verbindlichkeit nicht mehr erfüllen kann**. Eine Anfechtung gem. **§ 123 I BGB entfällt** ebenfalls, **da S Dritter i.S.d. § 123 II BGB ist**. Der Bürge kann auch nicht geltend machen, dass die *Geschäftsgrundlage gestört* sei, da sich die Vermögensverhältnisse des S nach Vertragsschluss verschlechtert haben. Gerade *diese Verschlechterung fällt in den Risikobereich des Bürgen.*

2. Der Vertrag könnte gem. § 138 BGB nichtig sein. Früher hat der BGH in ähnlich gelagerten Fällen § 138 I BGB verneint, da jeder Volljährige berechtigt sei, sich so hoch zu verschulden, wie er wolle.

Diese Betrachtungsweise lässt allerdings die besonderen Umstände des Falles außer Betracht. SG ist sehr jung und unerfahren. Für sie ist nicht ohne weiteres erkennbar, auf welches Risiko sie sich einlässt. Die Bank hingegen kann die Situation auch für den SG voll einschätzen, verharmlost diese jedoch bewusst gegenüber der SG, die damit der Gefahr einer lebenslangen, ruinösen wirtschaftlichen Belastung ausgesetzt wird. Zudem befand sich SG wegen der gefühlsmäßigen Bindung zu ihrem Vater, den sie nicht im Stich lassen wollte, in einer seelischen Zwangslage.
Das **BVerfG**, dem sich der BGH diesbzgl. angeschlossen, hat daher entschieden, dass **bei Anwendung der Generalklausel des § 138 BGB die grundrechtliche Gewährleistung der Privatautonomie in Art. 2 GG zu beachten** ist und deshalb verstärkt solche Verträge zu kontrollieren sind, die eine Vertragspartei ungewöhnlich stark belasten. Es **muss geprüft werden, ob die Regelung die Folge strukturell ungleicher Verhandlungsstärke ist**. Das ist dann der Fall, wenn der Bürge krass finanziell überfordert ist, d.h. voraussichtlich nicht einmal in der Lage sein wird, die Zinsen aus seinem Einkommen bzw. Vermögen zahlen zu können. Dann wird vermutet, dass der Vertrag nur aus emotionaler Verbundenheit abgeschlossen wurde. Der Vertrag zwischen SG und B wäre hier gem. § 138 I BGB nichtig (zur Berücksichtigung der §§ 286 ff. InsO vgl. Life&Law 2009, Heft 11).

hemmer-Methode: Bei dem Problem der eingeschränkten Anfechtbarkeit der Bürgschaft müssen Sie mit dem Zweck der Bürgschaft argumentieren. Gewöhnen Sie sich generell an, immer auch nach dem Sinn und Zweck einer Norm zu fragen. Dies eröffnet Ihnen zusätzliche Argumentationsmöglichkeiten.
Die mögliche Sittenwidrigkeit von Bürgschaften unter Familienangehörigen ist wegen der neueren Rspr. durchaus examensrelevant. (Lesen Sie dazu BGB AT II, Rn. 134 und bleiben Sie z.B. mittels Life&Law (4/98) auf dem Laufenden.)

Abgrenzungsprobleme

Die Bürgschaft ist streng akzessorisch. Voraussetzung der Bürgschaft ist eine zu sichernde Forderung, von deren Bestehen und Umfang die Bürgschaft abhängt. Der Bürgschaftsvertrag ist gegenstandslos, wenn das die zu sichernde Forderung begründende Schuldverhältnis wegen Geschäftsunfähigkeit oder Minderjährigkeit des Schuldners, wegen Dissenses oder § 138 BGB nichtig ist. Schuldbeitritt, Garantie- und Patronatserklärung hingegen sind nicht-akzessorische Sicherungsmittel, von denen die Bürgschaft abgegrenzt werden muss. Solche Abgrenzungsfragen können in der Klausur vor allem dann auftreten, wenn das Formerfordernis des § 766 S. 1 BGB nicht eingehalten wurde. Eine Bürgschaft wäre dann formnichtig, während Schuldbeitritt, Garantie- und Patronatserklärung formlos wirksam sind.

Grenzen Sie Schuldbeitritt, Garantie- und Patronatserklärung von der Bürgschaft ab.

■ **Schuldbeitritt** (auch Schuldmitübernahme genannt), §§ 311 I, 241 BGB

Beim Schuldbeitritt tritt der Mitübernehmer in ein bereits bestehendes Schuldverhältnis ein. **Der Übernehmer haftet gem. § 427 BGB neben dem weiterhaftenden bisherigen S als Gesamtschuldner**. Der SG ist dabei dem Gl gleichgeordnet neben dem S verpflichtet. Wenn der Beitrittswille eindeutig hervortritt, ist ein Schuldbeitritt anzunehmen. *Ist der Wille mehrdeutig, so ist im Zweifel die Bürgschaft als gesetzlicher Regelfall anzunehmen, da ansonsten die Formvorschrift des § 766 BGB umgangen werden könnte.*

■ **Garantievertrag**, §§ 311 I, 241 BGB

Im Unterschied zur Bürgschaft übernimmt der Garant unabhängig vom Entstehen oder dem Fortbestehen der gesicherten Schuld die Gewähr für die Erbringung einer Leistung. Mit anderen Worten **übernimmt er das Risiko dafür, dass ein bestimmter Erfolg eintritt, gleichgültig ob die Verpflichtung des Hauptschuldners dazu noch besteht. Die Garantie ist damit streng nicht-akzessorisch**. *Einreden des S kommen dem Garanten nie zugute. Es bedarf daher ganz besonderer Umstände, um die Annahme eines Garantievertrages zu rechtfertigen.* Der Garant muss einen Rechtsbindungswillen zur Begründung einer unabhängigen Verbindlichkeit haben.

■ **Patronatserklärung**

Die Patronatserklärung wird von Konzernen für ihre Tochtergesellschaften abgegeben. Mit dieser wird entweder nur unverbindlich das Vertrauen in die Leitung der Tochter („weiche") oder aber eine Verpflichtung ausgesprochen, für die Liquidität der Tochter Sorge zu tragen („harte Patronatserklärung"). *Die Patronatserklärung besitzt keine große Klausurrelevanz* (siehe auch KreditsicherungsR, Rn. 33).

hemmer-Methode: Achtung: Seien Sie vorsichtig mit der voreiligen Bejahung eines Schuldbeitritts, der den Schutzzweck des § 766 BGB aushebeln würde. Im Zweifelsfall ist die Bürgschaft als der gesetzlich geregelte Fall gewollt. Für den Schuldbeitritt müssen i.d.R. noch besondere Umstände hinzutreten. Als Indiz wird vor allem ein eigenes wirtschaftliches Interesse des Beitretenden angesehen.

Hat der S bei Gl ein Darlehen aufgenommen, für das sich der SG verbürgt hat, und stellt sich nach Auszahlung der Darlehenssumme heraus, dass der Vertrag zwischen S und Gl z.B. wegen Wuchers gem. § 138 II BGB nichtig ist, besteht der zu sichernde Anspruch Gl gegen S aus § 488 BGB nicht und der Bürge haftet damit nicht gem. § 765 I i.V.m. § 488 BGB. Allerdings hat der Gl gegen S einen Anspruch gem. § 812 I S. 1, 1.Alt. BGB (h.L. trotz § 817 BGB, siehe dazu BereichR, Rn. 452) bzgl. des bereits ausgezahlten Geldes. Dieser Anspruch ist gewissermaßen an die Stelle der Darlehensschuld getreten.

1. **Haftet der SG nun automatisch für den Anspruch aus § 812 I S. 1 BGB?**
2. **Was ist, wenn sich der SG für eine Kaufpreisschuld aus einem wegen § 311b I S. 1 BGB unwirksamen Grundstückskaufvertrag verbürgt hat und später Heilung gem. § 311b I S. 2 BGB eingetreten ist. Wie haftet der SG?**

1. Hat der **Bürge die Nichtigkeit des Dalehensvertrages gekannt oder** zumindest **mit ihr gerechnet**, dann kann seine **Bürgschaftserklärung so ausgelegt werden, dass er sich auch für die Verbindlichkeit des S aus ungerechtfertigter Bereicherung verbürge**.

Hat der **Bürge jedoch nicht damit gerechnet**, ist eine **solche ergänzende Vertragsauslegung §§ 133, 157 BGB nicht möglich**, da sie den Vertrag im Wesentlichen umgestalten würde, wenn der Bürge nun für eine völlig andere Verbindlichkeit haften soll, mit der er nicht gerechnet hat. Damit wäre die Grenze einer zulässigen Vertragsauslegung überschritten.

Anhaltspunkt für eine Argumentation kann sein, ob die Bürgschaft für den Bereicherungsanspruch den Bürgen stärker belasten würde, als die Bürgschaft für die Darlehensschuld. Die Darlehensschuld war möglicherweise gestundet oder sollte in Raten zurückgezahlt werden. Diese Zahlungsmodalitäten würden für den Bereicherungsanspruch grds. nicht gelten. Etwas anderes soll jedoch in den Fällen der Wucherdarlehen gelten (BGB AT II, Rn. 151). Ihre Rückzahlung ist erst zu dem Zeitpunkt geschuldet, der für das Darlehen vereinbart wurde.

Sie haben in solchen Fällen viel Raum für eigene Argumente, auch der BGH stellt auf eine Auslegung der Bürgschaft im Einzelfall ab.

2. Mit Heilung des Kaufvertrages gem. § 311b I S. 2 BGB wird auch die **Bürgschaft nach h.M. ex nunc wirksam**. Hier ist es unerheblich, ob der Bürge die ursprüngliche Unwirksamkeit der Hauptverbindlichkeit kannte oder nicht, weil er nunmehr genau diejenige Schuld sichert, die er ursprünglich sichern wollte.

hemmer-Methode: Hat der Bürge sich für eine zum Schein eingegangene Verbindlichkeit des S verbürgt, so ist die Bürgschaft ebenfalls gegenstandslos, da die zu sichernde Forderung wegen § 117 I BGB nicht entstanden ist. Eine Auslegung der Bürgschaftserklärung kann jedoch ergeben, dass der Bürge sich für die durch das Scheingeschäft verdeckte Verbindlichkeit, § 117 II BGB, verbürgt hat.

Die Bürgschaft kann auch eine künftige oder eine bedingte Verbindlichkeit sichern, § 765 II BGB. Die künftige Forderung muss jedoch allgemein bestimmbar sein, so dass letztlich auch das Haftungsrisiko für den Bürgen kalkulierbar bleibt. Die Grenze der Bestimmbarkeit ist dort erreicht, wo eine uferlose Haftung des Bürgen konstruiert wird.

Nachdem der SG die Bürgschaft übernommen hat, kann sich der Umfang der Hauptverbindlichkeit ändern. So kann die Hauptverbindlichkeit durch Erlass oder Erfüllung reduziert werden oder rechtsgeschäftlich erweitert, indem z.B. die Darlehensaufnahme nachträglich erhöht wird. Fraglich ist, wie sich eine solche Veränderung auf die Verpflichtung des Bürgen auswirkt (vgl. KreditsicherungsR, Rn. 40).

1. **Wie wirken sich eine Reduzierung und eine Erweiterung der Hauptverbindlichkeit auf die Bürgenverpflichtung aus?**
2. **Haftet der Bürge auch für Zinsen?**

1. Bei den Auswirkungen der Umfangsänderung ist zwischen Reduzierung und Erweiterung zu unterscheiden:

■ Wird die **Hauptverbindlichkeit** z.B. durch Erfüllung oder Erlass **verringert, so wirkt sich dies auch zugunsten des Bürgen aus**. Dies ergibt sich direkt aus **§ 767 I S. 1 BGB**.

■ **Durch Rechtsgeschäft kann die Haftung des Bürgen nicht erweitert werden, § 767 I S. 3 BGB**. Der S kann durch rechtsgeschäftliches Handeln die Stellung des Bürgen nicht verschlechtern, dies wäre ein **unzulässiger Vertrag zu Lasten Dritter**. Schließlich will der Bürge nur ein begrenztes Risiko eingehen, wenn er sich für eine Forderung in einer bestimmten Höhe verpflichtet. *Wäre eine rechtsgeschäftliche Erweiterung möglich, würde der Bürge ein unbegrenztes Risiko eingehen und gegen seinen Willen für eine höhere Schuld einstehen.*

■ **Dagegen trifft den Bürgen eine Haftung für Erweiterungen durch nicht rechtsgeschäftliches Verhalten des Hauptschuldners, z.B. für Verschulden, Verzug (§ 767 I S. 2 BGB) oder die Folgen einer gesetzlichen Zufallshaftung**. Der SG haftet auch für einen Schadensersatzanspruch des Gl gegen den S, wenn der Gl gem. §§ 280 I, III, 281 BGB vorgeht; dagegen haftet er nicht für den Rückgewähranspruch aus §§ 323, 346 ff. BGB, wenn der Gl zurückgetreten ist, da dann die Hauptschuld erloschen ist und damit auch die Bürgschaft (vgl. KreditsicherungsR, Rn. 40).

2. Ob der Bürge auch für die **Zinsen** der Hauptschuld haftet, **richtet sich nur nach dem Bürgschaftsvertrag**. Der Umfang der Haftung ist **im Wege der Auslegung zu ermitteln**. Bei verzinslichen Forderungen ist im Zweifel auch Haftung für rückständige Zinsen anzunehmen. Ein **Argument hierfür** ergibt sich **aus § 217 BGB**. Wenn die Zinsen mit der Hauptforderung verjähren, ist es naheliegend, sie als so eng mit der Hauptforderung verknüpft zu betrachten, dass sich im Zweifel auch die Bürgschaft auf sie erstreckt.

hemmer-Methode: Ob die Zinsen und die Zinseszinsen bei einer Höchstbetragsbürgschaft dazu führen können, dass der Höchstbetrag überschritten wird, ist durch Auslegung des Bürgschaftsvertrages zu ermitteln. Verschaffen Sie sich einen Überblick über die verschiedenen möglichen Formen einer Bürgschaft: Ausfall-, Teil-, Höchstbetrag-, Mit-, Nach-, Rück-, Zeit-, Prozessbürgschaft und die selbstschuldnerische Bürgschaft (§ 773 I Nr.1 BGB) (vgl. auch KreditsicherungsR, Rn. 41 ff.).

Formen der Hypothek und Entstehungsvoraussetzungen

Die Hypothek ist eine dingliche Belastung des Grundstücks des SG mit einem Verwertungsrecht des Gl, § 1113 BGB. Bestellt der SG dem Gl eine Hypothek an seinem Grundstück, dann muss zwischen dem persönlichen Anspruch des Gl gegen den S (z.B. aus § 488 BGB) und dem dinglichen Anspruch des Gl gegen den SG unterschieden werden. Dem Gl steht gegen den SG kein unmittelbarer Leistungsanspruch zu, sondern nur ein Anspruch auf Duldung der Zwangsvollstreckung in dessen Grundstück, § 1147 BGB. Lassen Sie sich durch den Wortlaut des § 1113 BGB, „ ... eine best. Geldsumme... aus dem Grundstück zu zahlen ist", nicht verwirren. Die Zahlung aus dem Grundstück ist die zwangsweise Verwertung des Grundstücks durch Zwangsversteigerung oder Zwangsverwaltung. Allerdings kann der SG die Vollstreckung durch Befriedigung des Gl nach § 1142 BGB abwenden.

1. **Welche Formen der Hypothek kennen Sie?**

2. **Nennen Sie die Entstehungsvoraussetzungen der Hypothek!**

1. Man muss zwischen **Verkehrs- (§ 1113-1183 BGB)** und **Sicherungshypothek (§§ 1184-1190 BGB)** unterscheiden. *Bei der Sicherungshypothek ist die Akzessorietät nicht wie bei der Verkehrshypothek gem. § 1138 BGB gelockert*: Ohne Forderung kann auch bei gutem Glauben die Hypothek nicht erworben werden, § 1185 BGB. Die **Verkehrshypothek** kann **als Brief- oder Buchhypothek** (§ 1116 II BGB) bestellt werden, die **Sicherungshypothek nur als Buchhypothek, § 1185 I BGB**.

2. Entstehungsvoraussetzungen:

■ **Es muss eine zu sichernde Forderung vorliegen** (Grundsatz der Akzessorietät). *Besteht eine solche nicht, dann entsteht eine EGS, §§ 1163 I, 1177 BGB.* **Die Hypothek kann für eine künftige** (dann aber im Zeitpunkt der Bestellung bestimmbare) **oder eine bedingte Forderung bestellt werden, § 1113 II BGB**. *Bis die künftig oder aufschiebend bedingte Forderung entsteht, besteht eine EGS* (§§ 1163 I, 1177 BGB) (genauer zur EGS KK 12).

■ Es ist eine **Einigung gem. § 873 I BGB** mit dem Inhalt des § 1113 I BGB erforderlich. *Sie ist nicht formbedürftig*. Ohne Einigung entsteht eine Hypothek nur im Ausnahmefall des § 1188 BGB. *Die Einigung dürfen Sie nicht mit dem Sicherungsvertrag verwechseln*, der das „Warum“ der Hypothekenbestellung regelt.

■ **Die Hypothek muss gem. § 873 BGB eingetragen werden**. *Der Inhalt der Eintragung ergibt sich aus § 1115 BGB*. Voraussetzung für die Eintragung sind ein Antrag des Eigentümers oder Gl (§ 13 GBO) und die Bewilligung des Eigentümers (§ 19 GBO). **Einigung und Eintragung müssen sich inhaltlich decken** (genauer dazu KK 11).

■ Die **Briefhypothek** (§ 1116 I BGB) **entsteht mit Briefübergabe**, § 1117 I BGB, bis dahin besteht eine EGS, §§ 1163 II, 1177 I BGB. Bei der **Buchhypothek** wird die Erteilung eines Briefes ausgeschlossen, § 1116 II BGB, sie **entsteht schon mit Eintragung** dieses Ausschlusses.

■ **Der SG muss Berechtigter** (= Eigentümer des Grundstücks) **sein** (gutgläubiger Erwerb vom nicht berechtigten Dritten aber gem. § 892 BGB möglich) **und im Zeitpunkt der Bestellung die Verfügungsbefugnis haben**.

hemmer-Methode: Lesen Sie zu den Entstehungsvoraussetzungen: KreditsicherungsR, Rn. 49 ff. bzw. SachenR III, Rn. 166 ff.

Einigung und Eintragung sind nicht deckungsgleich

Bei der Bestellung der Hypothek müssen Einigung und Eintragung übereinstimmen. Probleme entstehen, wenn Einigung und Eintragung voneinander abweichen.

Was für ein Recht ist in den nachfolgenden Beispielsfällen entstanden?

Fall (1): Die Hypothek wird entgegen der Einigung nicht für das Grundstück des SG, sondern für das Grundstück des A eingetragen.

Fall (2): Die Parteien haben sich auf die Bestellung einer Hypothek über 10.000 (5.000) EUR geeinigt, es wird aber eine Hypothek i.H.v. 5.000 (10.000) EUR eingetragen. Fall (3): ■ Entgegen der Einigung zwischen SG und SN über einen Briefausschluss erfolgt keine Eintragung des Ausschlusses. Vielmehr wird ein Hypothekenbrief erteilt.

■ SG und SN haben sich über eine Briefhypothek geeinigt, es wird jedoch ein Briefausschluss eingetragen.

1. Es handelt sich um eine **qualitative Abweichung**, **die Hypothek ist weder am Grundstück des SG noch am Grundstück des A entstanden**. Bzgl. einer Hypothek am Grundstück des SG fehlt es an einer Eintragung, bzgl. einer Hypothek am Grundstück des A fehlt es an einer Einigung des SN mit A oder mit SG als Nichtberechtigtem (hinsichtlich des Grundstücks des A) im Rahmen eines gutgläubigen Erwerbs nach § 892 BGB.

2. Ist die **Abweichung nur quantitativer Art**, dann muss unterschieden werden:

■ Ist die **eingetragene Hypothek niedriger als die vereinbarte**, so richtet sich der durch Auslegung (§§ 133, 157 BGB) zu ermittelnde übereinstimmende **Parteiwille i.d.R.** darauf, **dass wenigstens das mindere Recht entsteht** (Hypothek über 5.000 EUR). (Ggfs. besteht aber Anspruch auf – erneute – Bestellung in voller Höhe)

■ Ist dagegen ein **Mehr eingetragen** worden, dann kann die **Hypothek nur i.R.d. Einigung** entstehen (Hypothek über 5.000 EUR). Dies gilt auch für folgende Konstellation: Die Parteien haben die Einigung nur als bedingt abgegeben, die Hypothek wurde jedoch als unbedingte eingetragen. Es ist nur eine bedingte Hypothek entstanden. *Soweit die Eintragung über die Einigung hinausgeht, ist das GB unrichtig und SG kann gem. § 894 BGB von Gl Berichtigung verlangen.*

3. Ausgangspunkt der Lösung ist hier das **Verhältnis zwischen Brief- und Buchhypothek**. Die **Buchhypothek verlangt ein Mehr an Einigung und Eintragung**, § 1116 II S. 3 BGB.

■ Haben sich die Parteien über einen **Briefausschluss geeinigt**, wurde **dieser jedoch nicht eingetragen, sondern ein Brief erteilt**, dann **entsteht mit Briefübergabe** an den Gl eine **Briefhypothek**. Vor Übergabe des Briefes besteht eine EGS gem. §§ 1163 II, 1177 BGB.

■ Haben sich die Parteien über eine **Briefhypothek geeinigt**, wurde jedoch ein **Briefausschluss eingetragen**, **entsteht mit Übergabe des Briefes eine Briefhypothek**, denn für eine Buchhypothek fehlt es an einer Einigung. Das Grundbuch ist jetzt allerdings unrichtig. Auch hier gilt § 1163 II BGB: Der Gl kann das Grundpfandrecht erst mit Briefübergabe erwerben.

hemmer-Methode: Ein weiteres Sonderproblem bei der Bestellung der Hypothek ergibt sich, wenn das Grundgeschäft zwischen Gl und S nichtig ist. Fraglich ist dann, ob die Hypothek auch den Rückforderungsanspruch des Gl aus ungerechtfertigter Bereicherung sichert. Dieses Problem ist Ihnen bereits bei der Bürgschaft auf KK 8 begegnet. Die dort gemachten Ausführungen gelten sinngemäß. Erinnern Sie sich noch an die Lösung? (vgl. dazu auch SachenR III, Rn. 181)

Auf den beiden letzten Karten ist Ihnen wiederholt die Eigentümergrundschuld (EGS) begegnet. Sie kann durch Bestellung für den Eigentümer gem. § 1196 BGB oder auf andere Weise entstehen, z.B. gem. §§ 1168, 1170 BGB, nach §§ 1163, 1177 BGB oder durch Grundschuldablösung.

Von besonderem Interesse ist für Sie die Entstehung gem. §§ 1163 I, 1177 BGB oder durch Grundschuldablösung (zu letzterem mehr auf KK 45).

1. **Wann entsteht eine EGS gem. §§ 1163, 1177 BGB?**
2. **Worin liegen Sinn und Zweck der EGS?**

1. Eine EGS entsteht:

■ **gem. §§ 1163 I S. 1, 1177 I BGB, wenn die zu sichernde Forderung nicht entstanden ist**. Dies ist bei anfänglicher (z.B. gem. § 125 S. 1 BGB) oder nachträglicher (z.B. gem. § 142 I BGB) Nichtigkeit des forderungsbegründenden Rechtsgeschäfts der Fall. Wird die Hypothek für eine künftige oder aufschiebend bedingte Forderung bestellt (§ 1113 II BGB), dann entsteht zunächst eine EGS, die sich mit Entstehung der Forderung bzw. mit Bedingungseintritt in eine Hypothek umwandelt. Bei auflösend bedingter Forderung entsteht mit Bedingungseintritt eine EGS. Ebenso entsteht eine EGS, wenn die Darlehensforderung mangels Hingabe/Empfang des Darlehens (= Valutierung) nicht entstanden ist.

Achtung: *Voraussetzung für das Entstehen einer EGS gem. §§ 1163 I, 1177 I BGB ist es jedoch, dass bis auf die zu sichernde Forderung alle Voraussetzungen für die Entstehung einer Hypothek vorliegen.*

■ **gem. §§ 1163 I S. 2, 1177 I S. 1 BGB, wenn die Forderung später erlischt**. Das Erlöschen der Forderung regelt das Schuldrecht. Achtung: Die Gläubigerbefriedigung führt nicht zwangsläufig zum Erlöschen der Forderung, da diese z.B. gem. §§ 426 II, 774 I S. 1, 1143 I oder 268 III BGB auf den Befriedigenden übergehen kann. In diesen Fällen entsteht dann eine Eigentümerhypothek.

■ **gem. §§ 1163 II, 1177 I BGB, solange der Eigentümer im Falle der Bestellung einer Briefhypothek den Brief noch nicht an den Hypothekengläubiger übergeben hat**.

2. Die EGS dient der Rangsicherung (lesen Sie § 879 BGB). *Entsteht z.B. durch Valutierung die zu sichernde Forderung nachträglich, dann wandelt sich die EGS in eine ranggleiche Hypothek um*. Es wird also ein Aufrücken späterer Belastungen des Grundstücks vermieden. Entsteht die Forderung nicht, kann der Eigentümer die Rangstelle für andere Forderungen realisieren, indem er die Grundschuld auf den Gl überträgt.

hemmer-Methode: Damit müsste für Sie auch die Bedeutung der EGS nach § 1196 I BGB klar sein. Sie wahrt dem Eigentümer den Rang und spielt deshalb im Hinblick auf spätere Kreditbedürfnisse des Eigentümers eine Rolle. Der Eigentümer kann zu ihrer Realisierung die EGS auf die Gl übertragen, es entsteht dann eine Fremd-Grundschuld.

Entstehungsvoraussetzungen

Das Pfandrecht ist ein beschränkt dingliches Recht an einer beweglichen Sache oder einem Recht, das dem PfandGl erlaubt, den verpfändeten Gegenstand oder das verpfändete Recht unter bestimmten Voraussetzungen zu verwerten. Das Pfandrecht ist streng akzessorisch.

Genau wie bei der Hypothek hat der SN keinen Leistungsanspruch gegen den SG. Er hat lediglich das Recht, den Pfändungsgegenstand zu verwerten. Der SG kann die Verwertung jedoch gem. § 1223 II BGB abwenden.

1. **Entwickeln Sie die Entstehungsvoraussetzungen des PfandR an folgendem Fall:**

   Im unmittelbaren Besitz des SG befindet sich ein ihm nicht gehörendes Fahrrad. SG verpfändet das Rad an SN und räumt ihm mittelbaren Besitz ein. Später gibt er das Fahrrad an SN heraus. Hat SN ein Pfandrecht am Fahrrad erworben?

2. **Ändert sich wegen § 1207 BGB etwas am Ergebnis des Falles?**

1. Entstehungsvoraussetzungen einer Pfandrechtsbestellung:

■ Erforderlich ist eine **zu sichernde Forderung**, denn das **Pfandrecht ist ebenfalls streng akzessorisch**. Erlischt die Forderung, so erlischt auch das Pfandrecht, § 1252 BGB. Es gibt kein Eigentümerpfandrecht.

■ **SG und SN müssen sich gem. § 1205 BGB dinglich darüber einigen, dass das Pfandrecht an dem Sicherungsgegenstand entstehen soll**. Das Pfandrecht kann auch durch einen gutgläubigen SN vom Nichtberechtigten (demjenige, der ein PfandR an einer Sache bestellt, die ihm nicht gehört) erworben werden, gem. § 1207 BGB.

■ **Es ist eine völlige Besitzaufgabe (= Übergabe) des SG erforderlich**. *Der Verpfänder muss dem SN also entweder unmittelbaren Besitz* (**§ 1205 I BGB**) *verschaffen oder seinen mittelbaren Besitz dem SN übertragen und dies dem unmittelbaren Besitzer anzeigen*, **§ 1205 II BGB** (Verschärfung gegenüber § 931 BGB). Anstelle der Übergabe reicht es auch, wenn SG dem SN qualifizierten Mitbesitz gem. § 1206 BGB verschafft. ***Ein Übergabeersatz gem. § 930 BGB genügt nicht.*** *Daher wurde das Pfandrecht in der Praxis durch die Sicherungsübereigung verdrängt. Diese erfolgt i.d.R. nach §§ 929, 930 BGB, so dass der SG die Sache selbst behalten kann (vgl. KK 20).*

2. Da **SG Nichtberechtigter** ist, konnte SN das **Pfandrecht nur gutgläubig gem. § 1207 BGB erwerben**. Da ein Übergabeersatz gem. § 930 BGB bei der Pfandrechtsbestellung nicht möglich ist, **verweist § 1207 BGB auch nicht auf die Gutglaubensvorschrift des § 933 BGB**. Obwohl die Voraussetzungen des § 933 BGB vorliegen, konnte der SN daher kein Pfandrecht gutgläubig an dem Rad erwerben. Die **spätere Übergabe** des Rades in Anbetracht des vermeintlichen Pfandrechts **könnte jedoch dahin gehend verstanden werden, dass die Parteien auf alle Fälle ein Pfandrecht am Fahrrad bestellen wollten**, sollte eine Bestellung bis zum Zeitpunkt der Übergabe gescheitert, und bei Übergabe immer noch der Wille zur Bestellung vorhanden sein. **Dann hätte der SN gem. §§ 1205 I, 1207 i.V.m. § 932 BGB ein Pfandrecht am Rad** erwerben können. Demgegenüber kommt eine Umdeutung in eine Sicherungsübereignung gem. §§ 929 S. 1, 930 BGB nicht in Betracht, weil deren Wirkungen weiterreichend sind als die einer Pfandrechtsbestellung (so richtig Palandt, § 140, Rn. 6, falsch bei Palandt, § 1205, Rn. 8).

hemmer-Methode: Das vertragliche Pfandrecht kann auch zur Sicherung einer künftigen oder bedingten Forderung bestellt werden, § 1204 II BGB. Achtung: Das Pfandrecht entsteht dann bereits mit Einigung und Übergabe, nicht erst mit Entstehung der Forderung. Voraussetzung ist allerdings, dass der Entstehungsgrund der Forderung bei der Pfandrechtsbestellung schon vorhanden war. Auf die Bestimmbarkeit der Höhe der Forderung kommt es nicht an. Es gibt also kein Eigentümerpfandrecht. Das Pfandrecht sichert schon vor Entstehung der Forderung gem. § 1209 BGB den Rang.

Pfandrecht an Rechten

Auf die Verpfändung eines Rechts finden gem. § 1273 II BGB die Vorschriften über das Pfandrecht an beweglichen Sachen Anwendung, soweit sich nicht aus den §§ 1274-1296 BGB ein anderes ergibt. Erforderlich sind also eine zu sichernde Fordorung und eine Einigung. Da ein Recht nicht übergeben werden kann, erfolgt die Verpfändung nach den für die Übertragung des Rechts geltenden Vorschriften, § 1274 I S. 1 BGB. Bei Verpfändung einer Forderung müssen die Sondervorschriften der §§ 1279 ff. BGB berücksichtigt werden.

Wie erfolgt die Verpfändung...

1. **einer Kaufpreisforderung?**
2. **eines GmbH-Anteils?**
3. **einer Briefgrundschuld?**
4. **eines Anwartschaftsrechts an einer beweglichen Sache?**

1. Verpfändung des Anspruchs aus § 433 II BGB **durch Einigung gem. §§ 1274 I, 398 BGB und Anzeige der Verpfändung an den Schuldner der Kaufpreisforderung gem. § 1280 BGB**. Eine Forderung kann zwar unbemerkt abgetreten, aber nicht unbemerkt verpfändet werden. Daraus ergibt sich auch der Vorteil der Sicherungszession gegenüber der Verpfändung einer Forderung: Die Sicherungszession kann ohne Offenlegung vollzogen werden.

2. Die Verpfändung eines GmbH-Anteils erfolgt **durch notariell beurkundeten Verpfändungsvertrag, da auch die Übertragung des Anteils gem. § 15 III GmbHG einen notariellen Vertrag verlangt**, § 1274 BGB i.V.m. § 15 III GmbHG.

3. Die Verpfändung der Briefgrundschuld erfolgt **durch Einigung über die Verpfändung, schriftliche Verpfändungserklärung und Briefübergabe,** §§ 1274 I, 1192 I, 1154 I, 1291 BGB. (siehe auch KreditsicherungsR, Rn. 76; und vgl. KK 15 mit dem Problemkreis "Verpfändung der Hypothek")

4. Die Verpfändung des Anwartschaftsrechts erfolgt wie die Verpfändung der Sache selbst**: durch Einigung und Übergabe der Sache gem. § 1205 I BGB, nicht als Rechtspfändung gem. §§ 1273 ff. BGB**. Das Anwartschaftsrecht wird ja auch nicht durch Abtretung gem. §§ 398 ff. BGB übertragen, sondern wie das Vollrecht nach §§ 929 ff. BGB.

hemmer-Methode: Erstarkt das Anwartschaftsrecht nach Verpfändung zum Eigentum an der beweglichen Sache, dann verwandelt sich das Pfandrecht an der Anwartschaft in ein Pfandrecht an der Sache selbst, § 1287 BGB analog (Fall der dinglichen Surrogation). Merke: Übertragen und verpfändet wird das Anwartschaftsrecht wie die Sache. Gepfändet wird das Anwartschaftsrecht nach der Theorie der Doppelpfändung wie das Recht und die Sache. Die Vorschriften für Rechte und Sachen werden bei der Pfändung also kombiniert angewandt. (Lese zum Anwartschaftsrecht SachenR II, Rn. 127 ff.)
Es gibt auch gesetzliche Pfandrechte. Die klausurrelevantesten sind das Werkunternehmerpfandrecht, § 647 BGB, und das Vermieterpfandrecht, § 562 BGB. Stellt der Mieter beispielsweise eine unter Eigentumsvorbehalt gekaufte Stereoanlage in seiner Wohnung auf und bezahlt seine Miete nicht mehr, dann kann der Vermieter zwar kein Pfandrecht an der Stereoanlage erlangen, denn die gehört dem Mieter ja nicht, aber an dem Anwartschaftsrecht, das dem Mieter als Vorbehaltskäufer an der Anlage zusteht.

„Verpfändung der Hypothek“

Von der „Verpfändung der Hypothek“ kann irreführend gesprochen werden, wenn eine hypothekarisch gesicherte Forderung verpfändet wird

SG hat gegen D eine Darlehensforderung, die mit einer Briefhypothek am Grundstück des D gesichert ist. SG möchte bei Gl (SN) ein Darlehen aufnehmen. Zur Sicherung dieses Darlehens soll SG seine hypothekarisch gesicherte Forderung gegen D an Gl verpfänden.

Machen Sie sich in solchen Konstellationen zunächst immer eine Skizze und verdeutlichen Sie sich die Beziehungen zwischen den drei Beteiligten.

1. **Wie erfolgt die Verpfändung der hypothekarisch gesicherten Forderung?**
2. **Wem gegenüber ist D zur Zahlung verpflichtet?**
3. **Kann D mit Erfüllungswirkung an SG leisten, wenn D keine Kenntnis von der Verpfändung hatte?**

1. Gem. § 1274 I BGB verläuft die **Verpfändung** einer hypothekarisch gesicherten Forderung **nach den Regeln für die Übertragung einer hypothekarisch gesicherten Forderung**. *Gem. § 1153 II BGB (Lesen!) müssen bei der Übertragung sowohl die Forderung als auch die Hypothek übertragen werden. Die Hypothek ist streng akzessorisch und kann nicht getrennt von der zu sichernden Forderung übertragen werden. Damit können weder die gesicherte Forderung noch die Hypothek isoliert verpfändet werden*. **Die Verpfändung erfolgt also gem. §§ 1274 I i.V.m. §§ 1153 II, 1154 BGB durch schriftliche Verpfändungserklärung und Übergabe des Hypothekenbriefes. Die Hypothek folgt der Forderung kraft Gesetzes** gem. § 1153 I BGB (vgl. KreditsicherungsR, Rn. 74).

Eine **Anzeige der Verpfändung gem. § 1280 BGB** (Lesen!) **ist jedoch nicht erforderlich**, da für die Verpfändung der hypothekarisch gesicherten Forderung eben mehr als nur ein Abtretungsvertrag nötig ist.

2. An wen D zahlen muss, hängt davon ab, ob die **gesicherte Forderung des Gl gegen SG fällig ist oder nicht**:

■ Ist die Forderung noch **nicht fällig**, dann kann D **nur an Gl** (den PfandGl) **und SG** (den ForderungsGl) **gemeinschaftlich** leisten, **§ 1281 BGB**.

■ **Bei Fälligkeit** der Forderung **gilt § 1282 BGB und D kann nur noch an den Pfandgläubiger Gl mit Erfüllungswirkung leisten**.

3. Hatte D allerdings keine Kenntnis von der Verpfändung, würde die strikte Anwendung der §§ 1281 f. BGB zu unbilligen Ergebnissen führen. Die Regelungen der §§ 1281, 1282 BGB sind nur gerechtfertigt, da der Schuldner der gesicherten Forderung aufgrund der Anzeige gem. § 1280 BGB von der Verpfändung Kenntnis hat. Bei der Verpfändung einer hypothekarisch gesicherten Forderung bedarf es jedoch einer solchen Anzeige nicht (s.o.). **Hatte der Schuldner keine Kenntnis von der Verpfändung, so befreit ihn die Zahlung an den SG (seinen Gl) gem. §§ 1275 i.V.m. 407 BGB analog**. § 1275 BGB verweist auf die §§ 404-410 BGB.

hemmer-Methode: Anders läuft die Verpfändung einer durch eine GS gesicherten Forderung. Da die GS nicht akzessorisch ist, werden Forderung und GS separat übertragen und verpfändet. Die Forderung wird gem. §§ 1274 I, 398, 1280 BGB verpfändet. Die GS wird gem. § 1291 BGB wie eine Forderung nach den Vorschriften der §§ 1274 ff. BGB verpfändet, also gem. §§ 1274 I, 1192, 1154, 1291 BGB; (vgl. KK 14).

II. Entstehung der Sicherungsmittel/Schuldbeitritt

Entstehung des Schuldbeitritts

Der Schuldbeitritt ist gesetzlich nicht geregelt, aber gem. §§ 311 I, 241 BGB als reine Schuldverpflichtung zulässig. Er ist von der befreienden Schuldübernahme gem. §§ 414 ff. BGB abzugrenzen. Bei der Schuldübernahme tritt an die Stelle des alten Alleinschuldners ein neuer Alleinschuldner. Beim Schuldbeitritt, deshalb auch kumulative Schuldübernahme genannt, tritt zum alten Alleinschuldner noch ein zusätzlicher neuer Schuldner für den Gl hinzu. Der Schuldbeitritt ist ein nicht-akzessorisches Sicherungsmittel. Nur bei der Entstehung der Verpflichtung des Beitretenden ist eine zu sichernde Forderung notwendig, da sich der SG verpflichtet, in gleicher Weise zu haften wie der S. Ansonsten ist jedoch die Schuld des Beitretenden von der zu sichernden Schuld unabhängig.

Auf welche zwei Arten kann der Schuldbeitritt zustande kommen?

1. Vertrag zwischen SG und Gl (SN)

In diesem Fall **verpflichtet sich der SG gegenüber dem Gl neben dem bisherigen S für die Schuld des S einzustehen**. **SG und S** sind dann **Gesamtschuldner** gem. §§ 421 ff. BGB.

2. Vertrag zwischen SG und S

SG und S schließen einen Vertrag zugunsten des Gl. Die §§ 328 ff. BGB finden Anwendung. Dieser Vertragsschluss ist für einen Sicherungsvertrag atypisch, da der Gl als SN nicht daran beteiligt ist. Sie können einen echten oder unechten Vertrag zugunsten des Gl abschließen. Es gilt die Auslegungsregel des § 329 BGB.

- **Echter Vertrag zugunsten des Gl:**

Der Gl erlangt ein selbständiges Forderungsrecht gegenüber dem SG, d.h. er kann direkt vom SG Zahlung verlangen, da dieser mit dem urspr. Alleinschuldner **gesamtschuldnerisch haftet**. Es liegt ein **Schuldbeitritt** vor.

- **Unechter Vertrag zugunsten des Gl:**

Beim unechten Vertrag zugunsten des Gl **verpflichtet sich der SG nur dem S gegenüber zur Befriedigung des Gl**. **Der Gl kann keine Zahlung vom SG verlangen. SG und S** werden **nicht Gesamtschuldner**. Es liegt kein Schuldbeitritt, sondern eine **Erfüllungsübernahme** vor. Zahlt der S an den Gl, ist dem SG im Verhältnis zu S die Schuldbefreiung durch Zweckerreichung unmöglich geworden. Der S kann aber vom SG Schadensersatz gem. §§ 280 I, III, 283 BGB verlangen.

Gem. **§ 329 BGB** ist **im Zweifel eine Erfüllungsübernahme** anzunehmen.

hemmer-Methode: Erklärt der SG gegenüber dem Gl, er wolle für die Schuld des S einstehen, dann müssen Sie durch Auslegung ermitteln, ob ein Schuldbeitritt, ein Garantieversprechen oder eine Bürgschaft gewollt ist. Bei einem Vertragsschluss zwischen SG und S, in dem sich der SG verpflichtet, für die Schuld des S zu haften, kann zweifelhaft sein, ob die Parteien eine befreiende Schuldübernahme oder einen Schuldbeitritt vereinbart haben. Im Zweifelsfall gilt, dass ein Schuldbeitritt gewollt ist, da dieser den Gl nicht belastet. Er erhält keinen neuen Alleinschuldner, sondern einen zusätzlichen Schuldner.

Beachte: Eine Erfüllungsübernahme kann sich im Zweifel auch aus § 415 III BGB ergeben, wenn der S mit einem Dritten eine Schuldübernahme vereinbart hat, der Gl diese jedoch nicht genehmigt hat.

1. S hat sich beim BMW-Händler Gl ein Cabrio gekauft, wobei ihm ein entgeltlicher Zahlungsaufschub von 5 Monaten gewährt wurde. Ein guter Freund des S, SG, erklärt gegenüber Gl, dass er der Kaufpreisschuld des S sicherheitshalber beitritt. Nach Vertragsschluss verjährt die Forderung des Gl gegen den S. Gl nimmt SG in Anspruch. Der wendet ein, dass die Forderung verjährt sei, außerdem wäre der Vertrag zwischen ihm und Gl formbedürftig gewesen.

2. Abwandlung: Der Kaufpreis des Cabrio ist nicht gestundet. SG verpflichtet sich gegenüber S, der Kaufpreisschuld sicherungsweise beizutreten. Im Gegenzug dazu soll S ihm einen Monat das Cabrio zur Verfügung zu stellen. Als Gl SG in Anspruch nimmt, wendet SG ein, dass Gl den Vertrag zwischen SG und S hätte genehmigen müssen, denn auch eine Schuldmitübernahme wäre genehmigungsbedürftig gewesen. Außerdem habe S ihm das Cabrio nicht überlassen.

Kann der SG in Anspruch genommen werden?

1. Gl könnte einen Anspruch gem. §§ 433 II, 421, 427 BGB gegen SG haben. Fraglich ist, ob der Schuldbeitritt der Form des § 492 BGB bedurft hätte. **Grds. ist der Schuldbeitritt formfrei. Ist jedoch das Rechtsgeschäft, das die zu sichernde Forderung begründet, formbedürftig, kann sich daraus unter Umständen auch ein Formerfordernis für den Schuldbeitritt ergeben. Der Kaufvertrag** über das Cabrio **ist** wegen der entgeltlichen Stundung des Kaufpreises eine **sonstige Finanzierungshilfe gem. § 506 I BGB und bedurfte der Schriftform des § 492 I BGB. Der Schuldmitübernehmer ist jedoch genauso schutzwürdig**, wie wenn er die Schuld, der er beitritt, selbst begründet hätte. Das BGB schützt ihn in gleicher Weise wie den Käufer. Damit ist der **Schuldbeitritt gem. § 492 I BGB formbedürftig** und mangels Beachtung der Form **gem. § 125 S. 1 BGB nicht zustande gekommen**.

Beachte: *Der Beitretende kann gem. §§ 506 I, 495 I, 355 BGB den Schuldbeitritt auch widerrufen, wenn er Verbraucher ist. Für ihn läuft eine eigenständige Widerrufsfrist, unabhängig von der des Käufers, sofern dieser Verbraucher ist.*

Die Einrede der Verjährung, § 214 I BGB, kann SG dem Gl jedoch nicht entgegenhalten. Weil er mit S gesamtschuldnerisch haftet, wirkt die Verjährung mangels besonderer Abrede nicht gegen ihn, **§ 425 I, II BGB. Der Anspruch des Gl gegen S verjährt selbständig**. Aber: Die vor dem Beitritt eingetretenen Tatsachen wirken auch für und gegen den Beitretenden. Erst ab dem Beitritt können sich die Fristen unterschiedlich entwickeln, z.B. durch Hemmung, Palandt, § 425, Rn. 6.

2. Gl könnte **gem. § 328 I, II i.V.m. §§ 433 II, 421, 427 BGB einen Anspruch auf Zahlung** gegen SG haben. Es liegt ein **echter Vertrag zugunsten des Gl** vor, **da Gl ein eigenes Forderungsrecht gegenüber SG** erlangen sollte. Dieser Vertrag bedurfte nicht der Genehmigung des Gl, wie dies gem. § 415 BGB bei einer Schuldübernahme der Fall wäre. Dies folgt daraus, dass der Schuldbeitritt sich für den Gl nur positiv auswirkt. Er erhält einen zusätzlichen Schuldner und verliert seinen alten Alleinschuldner nicht. **Allerdings kann SG die Einwendungen aus seinem Verhältnis zu S gem. § 334 BGB auch gegen den Gl erheben. Im Fall kann SG die Einrede des nicht erfüllten Vertrages § 320 BGB erheben**. Der Anspruch des Gl gegen SG ist so lange nicht durchsetzbar, bis S dem SG das Cabrio überlässt.

hemmer-Methode: Auch § 312g I BGB schützt den Beitretenden. Er kann also seine Beitrittserklärung widerrufen, wenn in seiner Person die Voraussetzungen der §§ 312 I, 312b I BGB vorliegen, Palandt, § 312, Rn. 6.

Entstehung, Nichtakzessorietät

Die GS (§§ 1191 ff. BGB) ist eine dingliche Belastung eines Grundstücks. Über § 1192 BGB (lesen!) finden auf sie viele Vorschriften des Hypothekenrechts Anwendung. Aus §§ 1192, 873 BGB ergeben sich auch die Entstehungsvoraussetzungen: Einigung, Eintragung, Übergabe des GS-Briefes oder Briefausschluss.

Wichtig: Im Gegensatz zur Hypothek bedarf es keiner zu sichernden Forderung. Die GS ist nicht akzessorisch. Die auf der Akzessorietät der Hypothek beruhenden Vorschriften (§§ 1137 ff., 1153, ... BGB) sind nicht über § 1192 BGB anwendbar. Die GS braucht keine Forderung zu sichern (isolierte GS), kann dies aber tun (Sicherungsgrundschuld, SiGS).

1. **A hat eine isolierte GS am Grundstück des B i.H.v. 100.000 €. Welchen Anspruch hat A gegen B?**
2. **Was versteht man unter einer SiGS, und kann ihr Bestand von dem der Forderung abhängig gemacht werden?**
3. **Welche Vorteile hat die SiGS gegenüber der Hypothek?**

1. Die GS sichert keine Forderung, aufgrund derer dem A ein Zahlungsanspruch i.H.v. 100.000 € zustünde. Die GS selbst gibt ihm ebenfalls keinen solchen Zahlungsanspruch, sondern **A kann gem. §§ 1192 I, 1147 BGB vom Grundstückseigentümer B nur Duldung der Zwangsvollstreckung ins Grundstück** und Befriedigung i.H.d. Betrages der GS **verlangen**. *B kann die Zwangsvollstreckung abwehren, indem er A durch Zahlung befriedigt, § 1142 I BGB analog* (vgl. allg. zur Entstehung der GS: SachenR III, Rn. 214 ff.).

2. Eine SiGS entsteht, wenn die **GS zur Sicherung einer Forderung bestellt** wird, § 1192 Ia BGB. Dieser **Sicherungszweck** ergibt sich nicht wie bei der Hypothek aus dem Gesetz, sondern **wird vom SG und SN im Sicherungsvertrag vereinbart**. Mit ihm bestimmen die Parteien, zu welchem Sicherungszweck die GS bestellt werden soll. Achtung: **Trotz dieser Sicherungsabrede bleibt die SiGS ein nicht-akzessorisches Sicherungsmittel**, d.h. sie ist vom Bestand der Forderung unabhängig und kann isoliert von der zu sichernden Forderung übertragen werden. Allerdings sind die Parteien dadurch nicht gehindert, zu vereinbaren, dass der SN die GS nur erhalten soll, wenn die gesicherte Forderung zur Entstehung gelangt ist und sie automatisch verlieren soll, wenn die gesicherte Forderung erlischt. **Der Bestand der Forderung kann zur aufschiebenden oder auflösenden Bedingung für die GS gemacht werden**. Damit wird die GS der Hypothek angenähert. **Durch diese vertraglich herbeigeführte „Quasiakzessorietät“ wird die GS jedoch niemals akzessorisch!**

3. Die **Vorteile der SiGS** gegenüber der Hypothek **ergeben sich gerade aus deren Nichtakzessorietät**. *Die SiGS hat die Hypothek in der Praxis nahezu völlig verdrängt:*

- Die **SiGS kann der SN schon vor Entstehung der Forderung erlangen**. Bei der Hypothek entsteht zunächst nur eine EGS, §§ 1163 I S. 1, 1177 I BGB.
- Die **gesicherte Forderung kann** durch die Parteien **formlos ausgewechselt** werden. § 1180 BGB greift nicht.
- Der **Eigentümer kann die Belastung des Grundstücks vor Dritten geheim halten**. Er bestellt sich eine EGS und überträgt diese dann später zur Sicherung einer Forderung auf einen Dritten gem. § 1154 I BGB durch Abtretungserklärung und Briefübergabe. Die EGS wird zur Fremd-GS, ohne dass der GI im Grundbuch eingetragen wird.
- Ein einredefreier Erwerb ist nicht möglich, vgl. § 1192 Ia BGB.

> **hemmer-Methode: Der Sicherungsvertrag bedarf keiner Form. Er ist nicht im Grundbuch eintragbar. Die sich aus ihm ergebenden Einwendungen sind jedoch eintragungsfähig (arg. § 1157 BGB).**

Auf KK 12 ist Ihnen bereits die EGS ausführlich begegnet. Lösen Sie nun folgenden Fall:

GI hat eine Forderung aufgrund eines Darlehensvertrags gegen SG. Sie vereinbaren, dass GI zur Sicherung eine GS am Grundstück des SG bestellt werden soll. SG bewilligt die GS und beantragt Eintragung beim Grundbuchamt (GBA). Das GBA erteilt SG den GS-Brief auf dem GI als Gläubiger eingetragen ist. SG übergibt GI den Brief. Im Grundbuch wird jedoch versehentlich eine Buch-GS für D eingetragen. GI tritt nun die GS unter Übergabe des Briefes schriftlich an den gutgläubigen N ab. Als der SG von der Falscheintragung erfährt, verlangt er von N den Brief heraus, um die GS im Grundbuch auf sich umschreiben zu lassen.

Hat SG gegen N einen Herausgabeanspruch bzgl. des GS-Briefes?

SG könnte eine **Anspruch auf Herausgabe gem. §§ 985 i.V.m. 952 I, II BGB** haben, **wenn er Inhaber der GS** geworden wäre. Dann dürften weder Gl noch D noch N Inhaber der GS sein und die GS müsste SG zustehen.

1. **Gl konnte die GS nicht erwerben**, da die EntstehungsVss. „**Eintragung**" gem. § 873 BGB **fehlt**.

2. **D ist zwar im GB eingetragen**, **es fehlt** jedoch **die Einigung gem. § 873 BGB** über die Entstehung der GS.

3. **N könnte die GS gem. §§ 1192, 1154, 892 BGB von Gl erworben haben**. Gl verfügt als Nichtberechtigter (s.o.) über die GS. Ein **gutgläubiger Erwerb des N scheitert aber daran, dass Gl nicht im GB eingetragen** ist.

4. **SG könnte die EGS gem. § 1196 BGB erworben haben**. SG hat aber keine Erklärung gem. § 1196 II BGB gegenüber dem GBA abgegeben, sondern die GS nur für Gl bewilligt und ist nicht im Grundbuch eingetragen. **Fraglich ist, ob eine EGS entsteht, wenn von Anfang an die Einigung fehlt oder die Einigung sich nicht mit der Eintragung deckt.**

Nach **h.M.** sind für die Entstehung eines Grundpfandrechts die **Vss. des § 873 BGB unverzichtbar**. Eine anfängliche EGS kann nur entstehen, wenn es an zusätzlichen Vss. des Grundpfandrechts fehlt.

Nach **e.A.** ist für die Entstehung einer EGS die **Eintragung allein ausreichend**, um zu verhindern, dass nachstehende Rechte aufrücken können. Diese Lösung geht jedoch zu weit, da § 1196 II BGB zumindest eine Erklärung des Eigentümers gegenüber dem GBA erfordert. Zu folgen ist der vermittelnden **a.A.**: Enthält die fehlgeschlagene Einigung **wenigstens eine für sich wirksame Bewilligung des SG**, kann diese nach § 140 BGB i.S.v. § 1196 BGB umgedeutet werden, falls der hypothetische Wille des SG für den Fall einer unwirksamen Fremd-GS jedenfalls eine EGS gewollt hätte. Dies kann im Fall einer falschen Eintragung angenommen werden. **SG hat eine EGS erworben, die fälschlich für D eingetragen wurde**.

5. **Die GS ist grds. Briefrecht**. Hier ist sie als Buch-GS eingetragen. Der Ausschluss der Brieferteilung muss aber ausdrücklich erklärt werden. **Eine Buch-GS ist also nur dann entstanden, wenn die erfolglose Einigung zwischen Gl und SG auch dahin gehend gem. § 140 BGB umgedeutet werden kann, dass ein Buchrecht begründet werden sollte.** Der hypothetische Wille des SG bzgl. der Entstehung einer EGS wird aus seinem Interesse gefolgert, die Rangstelle zu wahren. Diesem Interesse ist aber auch mit der Entstehung einer Brief-GS gedient.

SG ist Inhaber der Brief-EGS und **kann Herausgabe des Briefes** von N gem. §§ 985, 952 BGB **verlangen**.

hemmer-Methode: Lesen Sie zum Ganzen nochmals H/W, KreditsR, Rn. 99 ff.

Entstehungsvoraussetzungen

Bei der SicherungsÜ wird zur Sicherung einer Forderung eine Sache vom SG an den SN übereignet. Der SN kann sich im Sicherungsfall dann durch Verwertung des Sicherungsgutes befriedigen. Die SicherungsÜ ist nicht akzessorisch. Im Sicherungsvertrag können die Parteien aber eine Verknüpfung von Forderung und Sicherungseigentum vereinbaren und damit das Sicherungseigentum vom Bestand der Forderung abhängig machen. Der Vorteil der SicherungsÜ gegenüber dem Pfandrecht besteht darin, dass das Sicherungsgut beim SG verbleiben kann. Dies ist wichtig, wenn zur Kreditsicherung nur ein wertvoller Gegenstand zur Verfügung steht, dieser aber vom SG dringend benötigt wird, wie z.B. Produktionsmittel. Das Sicherungseigentum wird deshalb auch „besitzloses Pfandrecht" genannt (vgl. KK 13).

A hat gegenüber Bauer B eine Darlehensforderung. B möchte ihm zur Sicherung der Forderung seinen Traktor übereignen.

1. **Wie kann die SicherungsÜ erfolgen?**
2. **Welche Rechtsstellung hat A dann bzgl. des Sicherungsgutes inne?**

1. Die **SicherungsÜ erfolgt i.d.R. gem. §§ 929, 930 BGB** (auch möglich, aber eher seltener ist eine Übereignung gem. §§ 929, 931 BGB). A und B müssen sich also **über den Eigentumsübergang einigen** und **ein konkretes Besitzmittlungsverhältnis i.S.d. § 868 BGB vereinbaren**.

Die Sicherungsabrede stellt dabei regelmäßig bereits das konkrete Besitzkonstitut dar (Lesen Sie zum BMV H/W, SachenR II, Rn. 239 ff.). A wird Eigentümer der Sache. *Dabei kann das Sicherungseigentum unter der auflösenden Bedingung übertragen werden, § 158 II BGB,* dass das Eigentum bei Beendigung des Sicherungszwecks, also z.B. Rückzahlung der Darlehenssumme, automatisch wieder an den SG B zurückfällt. *Der SG hat dann ein AnwartschaftsR bzgl. des Sicherungsgutes inne* (H/W, SachenR II, Rn. 127 ff.). *Erfolgt ein solche auflösend bedingte Übereignung nicht, dann wird im Sicherungsvertrag vereinbart, dass der SN dem A nach Erledigung des Sicherungszwecks schuldrechtlich verpflichtet ist, das Eigentum an den SG B zurückzuübertragen.*

2. Rechtsgrund der SicherungsÜ ist die Sicherungsabrede. **Der SN wird Eigentümer der Sache. Er erlangt damit nach außen hin rechtlich mehr als im Verhältnis zum SG für die Sicherung seiner Forderung nötig wäre**. Z.B. kann er die Sache wirksam vor dem Sicherungsfall an einen Dritten veräußern. **Der Sicherungsvertrag bindet den SN im Verhältnis zum SG bzgl. seiner überschießenden Befugnisse, die ihm nur zu treuen Händen zustehen** (= fiduziarischer Charakter der SiÜ). So kann der SN die Sache nur vom SG herausverlangen, wenn der Sicherungsfall eingetreten ist. *Veräußert der SN die Sache vor Verwertungsreife an einen Dritten, dann ist das RG mit dem Dritten zwar wirksam* (sollte der SN nur auflösend bedingter Eigentümer geworden sein, ist allerdings § 161 BGB zu beachten; mehr auf KK 73), *allerdings macht sich der SN, wie bei jedem Verstoß gegen seine treuhänderischen Verpflichtungen, gegenüber dem SG schadenersatzpflichtig* (vgl. dazu H/W, SachenR II, Rn. 232 f.).

hemmer-Methode: Das Sicherungseigentum ist keine besondere Art des Eigentums. Der SN kann in der Einzelzwangsvollstreckung die Drittwiderspruchsklage gem. § 771 ZPO erheben (H/W, ZPO II, Rn. 265 ff.). Lediglich in der Insolvenz tritt eine Sonderbehandlung ein, § 51 Nr.1 InsO.

Sachenrechtlicher Bestimmtheitsgrundsatz

Für die dingliche Einigung gem. § 929 BGB i.R.d. Sicherungsübereignung gilt auch der sachenrechtliche Bestimmtheitsgrundsatz. Das bedeutet, dass für jeden Dritten, der Kenntnis von der Sicherungsabrede hat, eindeutig erkennbar sein muss, welche Sachen von der SicherungsÜ erfasst sind. Probleme können bei der Übereignung von Sachgesamtheiten entstehen.

A übereignet an B zur Sicherheit sein gesamtes Warenlager:

1. **Ausgenommen werden sollen jedoch die Sachen im Warenlager, die aus Amerika geliefert worden sind. Diese unterscheiden sich jedoch äußerlich nicht von den anderen Sachen.**
2. **Ein Teil der Waren gehört A, der andere Teil wurde von seinen Geschäftspartnern unter Eigentumsvorbehalt geliefert.**
3. **Das Warenlager hat einen wechselnden Bestand.**

Hat B jeweils Sicherungseigentum erlangt?

Es handelt sich in allen Fällen um die Übereignung einer Sachgesamtheit. Für eine Übersicherung die gem. § 138 BGB zur Nichtigkeit der Übereignung führen würde, liegen keine Hinweise vor.

1. Dem **Bestimmtheitsgrundsatz** wurde in diesem Fall **nicht Genüge getan.** Die zur Sicherheit übereigneten **Sachen müssen sich allein aufgrund der Parteiabrede im Zeitpunkt des vereinbarten Eigentumsübergangs im Lager identifizieren lassen**. Nicht ausreichend ist, wenn sie sich aufgrund außerhalb des Vertrages liegender Umstände bestimmen lassen, wie z.B. Warenbücher, Rechnungen oder Lieferscheine. **Ausreichend** für den Bestimmtheitsgrundsatz sind jedoch **sog. Raumsicherungsverträge**. Das Sicherungsgut wird in einem bestimmten Teil des Lagers aufbewahrt und als Sicherungsgut gekennzeichnet. Es genügt auch, das Sicherungsgut in spezieller Weise zu kennzeichnen oder es unter genauer Beschreibung in ein Verzeichnis aufzunehmen, **sog. Markierungsverträge** (vgl. dazu H/W, SachenR II, Rn. 236 ff.).

2. Dem Bestimmtheitsgrundsatz ist hier **Genüge getan**, **wenn A dem B das Eigentum an den ihm gehörenden Waren überträgt und sein Anwartschaftsrecht an den unter Eigentumsvorbehalt gelieferten Waren**. *Sie können jedoch nicht ausschließlich eine Übereignung der dem A gehörenden Waren vereinbaren, da dann nicht ohne weiteres feststellbar ist, an welchen Waren A Eigentum hat und an welchen er nur ein Anwartschaftsrecht besitzt.*

3. Bei Warenlagern mit wechselndem Bestand können **auch erst künftig hinzukommende Waren schon durch sog. antizipierte Einigung und durch antizipiertes Besitzkonstitut mitübereignet werden** (H/W, SachenR II, Rn. 47 ff.). Erforderlich ist jedoch wiederum ein besonderes Kenntlichmachen der Ware als Sicherungsgut, wenn es zum Lagerbestand kommt.

hemmer-Methode: Die Übereignung eines Warenlagers mit wechselndem Bestand ist von folgendem Fall zu unterscheiden: Nach der SicherungsÜ eines Warenlagers werden gleichartige Waren in das Warenlager gebracht, die nicht zur Sicherheit übereignet werden sollen, aber sich von dem bereits übereigneten Sicherungsgut nicht mehr unterscheiden lassen. Dann sind das Sicherungseigentum und die neuen Waren untrennbar miteinander vermengt, da niemand mehr weiß, wem welche Sachen gehören. Durch die nachträgliche Schwierigkeit der Unterscheidung zwischen Sicherungsgut und neuer Ware geht das Sicherungseigentum nicht unter. Es entsteht dann am Warenbestand Miteigentum gem. §§ 947, 948, 1008 ff., 741 ff. BGB.

Sittenwidrigkeit der SicherungsÜ

Die Übereignung ist ein wertneutrales Verfügungsgeschäft, das i.d.R. nicht von der Sittenwidrigkeit des Verpflichtungsgeschäfts erfasst wird. Dies gilt jedoch dann nicht, wenn die Sittenwidrigkeit gerade im Vollzug der Leistung liegt. Damit kann die SicherungsÜ im Einzelfall gem. § 138 BGB (bzw. § 307 I BGB) nichtig sein, wenn die ihr zugrunde liegende Sicherungsabrede sittenwidrig ist, und sich diese Sittenwidrigkeit gerade durch die Übereignung manifestieren würde.

Eine Fallgruppe der Sittenwidrigkeit ist die Übersicherung. Diese kommt insbesondere im Zusammenhang mit revolvierenden Globalsicherheiten, also z.B. bei SiÜbereignungen von Warenlagern mit wechselndem Bestand, in Betracht.

A hat dem B zur Sicherheit einer Darlehensforderung i.H.v. 1 Mio. € sein gesamtes Warenlager im Wert von 1,2 Mio. € übertragen. Die Parteien haben eine „Freigabeklausel“ vereinbart, wobei die Festlegung des Wertes des Sicherungsgutes in das freie Ermessen des B gestellt wurde. Wurde B Sicherungseigentümer?

Die SiÜ könnte gem. § 138 BGB wegen Übersicherung nichtig sein. Eine Übersicherung liegt nicht schon immer dann vor, wenn der Wert des SiEigentums den Betrag der gesicherten Forderung überschreitet, da immer gewisse Reserven für Verwertungskosten und -verluste zu berücksichtigen sind. Folgende Differenzierung ist erforderlich:

1) Handelt es sich um eine Singularsicherheit, kommt § 138 I BGB letztlich nicht in Betracht. Denn dass diese den Wert der zu sichernden Forderung übersteigen kann, liegt in der Natur der Sache.

2) Handelt es sich um Globalsicherheiten, muss weiter zwischen anfänglicher und nachträglicher Übersicherung differenziert werden, d.h. danach, ob eine Übersicherungssituation schon bei Vertragsschluss vorlag oder erst später entstanden ist (etwa durch Absinken der zu sichernden Forderung).

a) Nach alter BGH-Rspr. war bei der ***nachträglichen*** **Übersicherung im SicherungsV die ausdrückliche Vereinbarung einer schuldrechtlichen Freigabeklausel zur Vermeidung einer Übersicherung erforderlich. Fehlte eine solche, war die SiÜ im Ganzen nichtig**. *Die Freigabeklausel bewirkt, dass das Sicherungsgut wieder zurückübertragen werden muss, wenn der Wert des Sicherungsgutes eine bestimmte Deckungsgrenze überschreitet.* Deshalb musste der **SicherungsV** neben einem **ausdrücklichen Freigabeanspruch** eine **feste Deckungsgrenze** und einen **obj. Berechnungsmaßstab** für den Wert des Sicherungsgutes enthalten.

Gerade wegen der Totalnichtigkeit der SiÜ als Rechtsfolge hat sich **diese Rspr. Ende der 90er Jahre gewandelt.**

In einer Entscheidung des Großen Senats des BGH wurde festgelegt, dass auch die Wirksamkeit der SiÜ i.R.v. revolvierenden Globalsicherheiten weder von einer ausdrücklichen Freigabeklausel, einer festen Deckungsgrenze, noch von einem obj. Berechnungsmaßstab abhängt. Vielmehr hat **der SG bei einer endgültigen Übersicherung einen ermessensunabhängigen Freigabeanspruch gegen SN** (vgl. Life&Law, 1998, 138 ff.). Sollten keine Deckungsgrenzen normiert sein, greift dieser Freigabeanspruch ein, wenn der Nennwert der Sicherheiten die zu sichernde Forderung um 50% übersteigt. Sofern die Parteien den realisierbaren Wert festgesetzt haben sollten, sinkt die Grenze auf 10 % (Aufschlag wegen Verwertungskosten).

b) Bei ***anfänglicher*** **Übersicherung** gibt es keine starren Grenzen in der Rechtsprechung. Vielmehr hängt hier die Übersicherung von den Besonderheiten des Einzelfalls ab. **Es muss sich um ein grobes Missverhältnis handeln, welches auch bei einem Mehrwert von 20 % (wie im umseitigen Fall) noch nicht gegeben seien muss**.

hemmer-Methode: Andere Konstellationen der Sittenwidrigkeit sind der Knebelungsvertrag, durch den der SG ganz oder wesentlich in seiner wirtschaftlichen Bewegungsfreiheit beeinträchtigt wird, und die Fälle der Vertragsbruchtheorie (H/W, BereicherungsR, Rn. 400 ff.), in denen der SN in Kauf nimmt, dass der SG nach der SiÜ andere Gl über seine Kreditwürdigkeit täuschen muss oder ihnen gegenüber zum Vertragsbruch verleitet wird.

Inhalt des Sicherungsvertrages

Bei der Sicherungszession wird dem SN vom SG eine Forderung zur Sicherheit abgetreten. Es sind zwei Forderungen zu unterscheiden: Die eine Forderung wird gesichert, die andere sichert. Der SN wird Forderungsinhaber, ist jedoch gegenüber dem SG treuhänderisch gebunden. Die Sicherungszession ist nicht akzessorisch. Die Parteien können aber vereinbaren, dass die Abtretung nur erfolgt, wenn die zu sichernde Forderung entsteht, und der SN nur solange Forderungsinhaber bleibt, solange die zu sichernde Forderung besteht.

Die Sicherungszession hat das Pfandrecht an Rechten weitgehend verdrängt. Eine wirksame Forderungsverpfändung setzt, anders als die Abtretung, eine Anzeige an den Dritt-S gem. § 1280 BGB voraus. Eine sog. stille Zession ist demgegenüber von Vorteil, wenn der SG seine finanzielle Situation nicht offenbaren will.

Welchen Inhalt hat ein Sicherungsvertrag bei einer Sicherungszession?

In der Sicherungsabrede (= Sicherungsvertrag) wird in der Regel bestimmt:

- die zu **sichernde Forderung** und die **sichernde Forderung**.

- die **Einziehungsermächtigung des SG bzgl. der zur Sicherung abgetretenen Forderung**:

Aufgrund der Einziehungsermächtigung kann der SG die fremde, jetzt dem Gl (SN) zustehende, Forderung im eigenen Namen geltend machen.

Die **Zulässigkeit einer solchen Einziehungsermächtigung ergibt sich aus § 185 BGB** und ist höchstrichterlich anerkannt. Kann ein Nichtberechtigter mit Einwilligung des Berechtigten über eine Forderung wirksam verfügen, so muss er erst recht mit Einwilligung des Berechtigten die Forderung einziehen können, da die Einziehung gegenüber der Verfügung ein „Minus" darstellt. (Zur Kritik an dieser Auffassung siehe H/W, KreditsR, Rn. 118).

- die **Verwendung der vom SG eingezogenen Beträge**.

- **wann und wie der Gl (SN) die an ihn abgetretenen Forderungen verwerten darf**. Im Zweifel kann die Regelung der §§ 1228 II, 1282 BGB bei der Auslegung der Sicherungsabrede herangezogen werden.

- die **Verpflichtung des Gl, die sichernde Forderung nach dem Wegfall des Sicherungsgrundes auf den SG zurückzuübertragen**, wenn die Abtretung nicht unter der auflösenden Bedingung erklärt wurde, dass die sichernde Forderung in diesem Fall automatisch wieder auf den SG zurückfallen soll.

hemmer-Methode: Bei der Sicherungszession gilt es wie allgemein bei einer Forderungsabtretung zu beachten, dass ein gutgläubiger Forderungserwerb nicht möglich ist und dass Abtretungsverbote gem. § 399 BGB vereinbart worden sein können. Die Sicherungszession kann wie die SicherungsÜ gem. § 138 BGB sittenwidrig sein, es kann auf die dortigen Ausführungen verwiesen werden. Bedeutsam ist das Problem der Kollision von verlängertem Eigentumsvorbehalt und Globalzession (siehe H/W, BereicherungsR, Rn. 400 ff.).

Die stille Zession birgt für den SN (= Neu-Gl des Dritt-S) Gefahren. Der Dritt-S ist nämlich bei fehlender Offenlegung der Abtretung über die §§ 407 ff. BGB geschützt, d.h. er kann mit Erfüllungswirkung an den SG (= Alt-Gl) leisten, § 407 BGB, oder mit einer Gegenforderung gegen SG auch dem SN gegenüber unter den Voraussetzungen des § 406 BGB aufrechnen.

SG will sein Auto an Dritt-S verkaufen. Bevor der Kaufvertrag zustande kommt, tritt SG seine künftige Kaufpreisforderung gegen Dritt-S an Gl/SN sicherungshalber ab. Nach Abschluss des Kaufvertrages, aber vor Eintritt des Sicherungsfalls verlangt SN von Dritt-S nun Zahlung. Der wendet ein, dass der Sicherungsfall noch nicht eingetreten sei und dass er den Kaufpreis bereits an SG gezahlt habe.

Kann SN von Dritt-S Zahlung verlangen?

SN könnte gem. § 433 II i.V.m. § 398 S. 2 BGB einen Anspruch gegen Dritt-S haben.

Der **Kaufpreisanspruch** ist mit Abschluss des Kaufvertrages **zwischen SG und Dritt-S entstanden**. Er müsste **wirksam an SN gem. § 398 S. 1 BGB abgetreten** worden sein. Problematisch ist, dass der Anspruch im Zeitpunkt der Abtretung noch nicht entstanden war. **Gegenstand einer Sicherungsabtretung kann auch ein zukünftiger Anspruch sein. Die Forderung muss nur genügend bestimmbar sein,** d.h. im Zeitpunkt ihrer Entstehung muss die Forderung als die von der Abtretung betroffene, bestimmbar sein. Die entstandene Einzelforderung muss nach ihrer Entstehung eindeutig unter die Abtretungsvereinbarung subsumierbar sein. **Dies ist im Fall zu bejahen**. Als die Kaufpreisforderung entstand, ergab sich aus der Abtretungsvereinbarung, dass sich die Abtretung genau auf diese Forderung beziehen soll. **SN ist Forderungsinhaber geworden**.

Achtung: *Zu unbestimmt ist die Abtretung z.B. von Forderungen, „die an die Stelle gelieferter Ware treten", oder mehrere Forderungen in Höhe eines Teilbetrages, wenn nicht erkennbar ist, auf welche Forderung oder Teilforderung sich die Abtretung bezieht.*

Dem Dritt-S könnten Einwendungen gegen den Anspruch des SN zustehen.

Er kann gegenüber SN jedoch nicht geltend machen, dass der Sicherungszweck noch nicht eingetreten ist. **Der Dritt-S kann i.d.R. keine Einwendungen aus der Sicherungsabrede zwischen SG und SN geltend machen, es sei denn, die Sicherungsabrede enthält einen Vertrag zu seinen Gunsten**. In krassen Ausnahmefällen kann der Dritt-S allerdings die Einrede unzulässiger Rechtsausübung haben. Ein solcher Fall ist hier nicht ersichtlich.

Gem. § 407 i.V.m. § 362 I BGB ist die Forderung mit Zahlung des Dritt-S an SG jedoch bereits erloschen. SN hat keine Forderung mehr gegen den Dritt-S gem. § 433 II i.V.m. § 398 S. 2 BGB.

hemmer-Methode: Die Sicherungsabtretung künftiger Forderungen hat ihre Schwächen. Es ist nicht sicher, ob die zukünftige Forderung entstehen wird. Außerdem kann der SG nach der Sicherungszession mit dem Dritt-S vereinbaren, dass die Forderung nicht abgetreten werden kann. Die frühere Sicherungsabtretung ist dann gegenstandslos, da die künftige Forderung, die abgetreten worden ist, nur als nicht abtretbare Forderung, § 399, 2.Alt. BGB, entstanden ist (genauer dazu auf KK 30).

Entstehungsvoraussetzungen/AnwartschaftsR des Käufers

Im Geschäftsleben ist es häufig so, dass der Käufer nach Abschluss eines Kaufvertrages die Sache sofort in Besitz nehmen möchte, den Kaufpreis aber nicht vollständig zahlen kann. Würde der Verkäufer die Sache dann sofort übereignen, wäre er für den Fall, dass der Käufer den Kaufpreis nicht zahlt, nicht gesichert. Der Verkäufer kann sich davor schützen, indem er sich bis zur Bezahlung des Kaufpreises das Eigentum vorbehält. Der Eigentumsvorbehalt (EV) sichert damit unmittelbar den Herausgabeanspruch des Verkäufers für den Fall der Nichtleistung und damit mittelbar die Kaufpreisforderung.

1. **Beschreiben Sie die schuldrechtliche und sachenrechtliche Entstehung des EV!**
2. **Wie ist § 449 BGB zu verstehen?**
3. **A verkauft an B einen Computer unter EV. Welche Rechte erlangt B am Computer?**
4. **Ist der EV ein akzessorisches Sicherungsmittel?**

1. Schuldrechtliche Entstehung: Zwischen den Parteien wird ein unbedingter **Kaufvertrag** geschlossen, **in dem sich der Verkäufer zur Übergabe und zur aufschiebend bedingten Übereignung der Kaufsache verpflichtet, sog. vertragsgemäßer Eigentumsvorbehalt**. Der Kaufvertrag muss den EV ausdrücklich enthalten, evtl. auch in der Form von AGB. Fehlt es an einer solchen ausdrücklichen Erklärung, kann sich der EV auch durch Auslegung des Kaufvertrages ergeben.

Sachenrechtliche Entstehung: Der **Verkäufer übereignet die Kaufsache aufschiebend bedingt, §§ 929, 158 I BGB,** an den Käufer. Ob die Übereignung bedingt gewollt ist, kann man aus dem im KV vereinbarten EV ermitteln.

Achtung Trennungsprinzip: Fehlt im Kaufvertrag eine Einigung in obigem Sinne, kann gleichwohl nur aufschiebend bedingt übereignet werden. Man nennt das dann einen vertragswidrigen Eigentumsvorbehalt.

2. § 449 BGB ist eine Auslegungsregel. Im Zweifel erfolgt die Übereignung unter der aufschiebenden Bedingung der vollständigen Kaufpreiszahlung.

3. Der Verkäufer behält das Volleigentum bis zum Eintritt der aufschiebenden Bedingung. **Der Käufer erwirbt ein Anwartschaftsrecht an der Sache** (Lesen Sie zum AnwartschaftsR H/W, SachenR II, Rn. 127 ff.**), das nach Bedingungseintritt zum Vollrecht Eigentum erstarkt**.

4. Bei den akzessorischen Sicherungsmitteln ist die Sicherung abhängig von Entstehung und Bestand der zu sichernden Forderung. **Der EV ist abhängig vom Bestand des Kaufvertrages**. Ist die Verpflichtung nicht wirksam entstanden oder nachträglich wieder entfallen (z.B. durch Rücktritt), dann kann die Bedingung, unter der der Käufer das Eigentum erwirbt, nicht eintreten. Damit ist das AnwartschaftsR nicht entstanden bzw. wieder erloschen. Der Verkäufer bleibt Volleigentümer, der Käufer ist nicht zur Zahlung verpflichtet. Im Falle der Unwirksamkeit des Kaufvertrages kann der Verkäufer seinen Herausgabeanspruch aus § 985 BGB sofort realisieren, ohne dass der Käufer ein Besitzrecht aus § 986 I BGB hätte.

hemmer-Methode: Der Verkäufer und Vorbehaltseigentümer kann aber die mittelbar gesicherte Kaufpreisforderung und das Vorbehaltseigentum trennen, indem er gem. §§ 929, 931 BGB sein Vorbehaltseigentum auf einen Dritten überträgt. Der erwirbt Volleigentum vom Berechtigten. Für einen solchen Fall bieten die §§ 161, 986 II BGB dem Käufer Schutz (mehr auf KK 73).

Lösen Sie zum besseren Verständnis von Eigentumsvorbehalt, SicherungsÜ und Pfandrecht folgenden Fall:

SG wohnt seit Jahren in der Mietwohnung des A. Er ist seit einigen Monaten mit dem Mietzins im Rückstand. Am 01.05. kauft er sich unter Eigentumsvorbehalt bei V eine Stereoanlage und stellt sie noch am selben Tag in seiner Wohnung auf. Um den Kaufpreis bezahlen zu können, nimmt er am 03.05. bei SN ein Darlehen auf und überträgt SN dafür zur Sicherheit die Anlage. Am 08.05. bezahlt er an V den Restkaufpreis.

1. **Wer ist Eigentümer der Stereoanlage?**
2. **Hat A an der Stereoanlage Rechte?**

1. SN könnte Eigentümer der Stereoanlage geworden sein. Ein **Eigentumserwerb gem. §§ 929, 930 BGB scheidet aus.** SG war im Zeitpunkt der Übereignung noch nicht Eigentümer der Anlage, da der Kaufpreis noch nicht vollständig an V gezahlt worden war und SG auch nicht mit Einwilligung des V gem. § 185 I BGB verfügt hat. SN hat das **Eigentum auch nicht gem. §§ 929, 930, 933 BGB** vom Nichtberechtigten SG erworben, **da hierfür gem. § 933 BGB eine Übergabe der Anlage erforderlich gewesen wäre**.

SN könnte jedoch **gem. §§ 929, 930, 158 I BGB Eigentum** erworben haben, als SG den Kaufpreis an V zahlte, **wenn er in diesem Zeitpunkt Inhaber des AnwartschaftsR an der Anlage gewesen ist**. SG hat als Vorbehaltskäufer an der Anlage ein AnwartschaftsR erworben, über das er als Berechtigter verfügen konnte. **Zwar haben sich SG und SN nicht ausdrücklich über eine Übertragung des AnwartschaftsR geeinigt. Wenn die SicherungsÜ selbst wegen § 933 BGB fehlschlägt, kann dieses Rechtsgeschäft jedoch gem. § 140 BGB in eine Übertragung des AnwartschaftsR umgedeutet werden, weil der Kreditgeber dadurch wenigstens zum Teil gesichert wird**. Eine a.A. kommt durch Auslegung gem. § 157 BGB zum selben Ergebnis. **Das erforderliche Übergabesurrogat i.S.d. § 930 BGB ist die Sicherungsabrede, die die Parteien für den Übergang des Volleigentums vereinbart haben. Diese ist trotz der fehlgeschlagenen SicherungsÜ nicht gem. § 139 BGB nichtig, wenn der SN dadurch wenigstens das AnwartschaftsR erlangt.** SG hat SN damit das AnwartschaftsR übertragen, das mit Zahlung des Kaufpreises zum Volleigentum erstarkt ist (vgl. H/W, KreditsR, Rn. 135 ff.; SachenR II, Rn. 107).

2. Dem **A** könnte an der Stereoanlage ein **Vermieterpfandrecht gem. § 562 BGB** zustehen. A hat **nicht mit Einbringen der Anlage in die Wohnung** ein Vermieterpfandrecht erworben, da die Sache noch nicht im Eigentum des SG stand und ein gutgläubiger Erwerb eines gesetzlichen Pfandrechts nach h.M. nicht möglich ist.

A hat aber zunächst **am Anwartschaftsrecht des SG ein Vermieterpfandrecht** erworben. **War das Anwartschaftsrecht belastet, kann nach h.M. das Vollrecht auch nur belastet entstehen**. Mit Kaufpreiszahlung setzt sich das Vermieterpfandrecht damit am Eigentum des SN fort. SN hat nur belastetes Eigentum erworben. Ein gutgl. lastenfreier Erwerb gem. § 936 I S. 2, II BGB scheidet aus, da SN nicht Besitz i.S.d. § 933 BGB erlangt hat.

hemmer-Methode: SN ist Eigentümer der Anlage, an der A ein VermieterpfandR zusteht. Erfolgte die SicherungsÜ an SN unter auflösender Bedingung, steht dem SG ein AnwartschaftsR an der Anlage zu, das bei Befriedigung des SN zum Vollrecht erstarkt, allerdings wiederum mit dem Vermieterpfandrecht des A belastet.

Nachträglicher Eigentumsvorbehalt

Es kann vorkommen, dass die Parteien zunächst einen Kaufvertrag ohne Eigentumsvorbehalt abschließen, der Verkäufer aber danach nur bedingt übereignen möchte, weil er nicht das Risiko des Eigentumsverlustes ohne sofortigen Erhalt des Kaufpreises eingehen will.

V verkauft einen Lkw an K. Im Kaufvertrag wird kein EV vereinbart.

1. **Wie ist die Rechtslage, wenn V bei der Übergabe des Lkw dem K gegenüber ausdrücklich erklärt, er übereigne nur unter EV? Wie kann K dann reagieren?**
2. **V hat an K bereits den Lkw unbedingt übereignet. Kann er im Nachhinein noch einen EV herbeiführen?**

1. V ist aus dem Kaufvertrag dazu verpflichtet, das Eigentum am Lkw unbedingt zu übertragen. Es ist ihm jedoch unbenommen, die dingliche Einigungserklärung ausdrücklich nur bedingt zu erklären. Der Käufer hat dann zwei Möglichkeiten:

- Er erklärt sich mit der nachträglichen Vereinbarung eines EV einverstanden. **Der EV wird damit nachträglich Bestandteil des Kaufvertrages, die Übereignung erfolgt aufschiebend bedingt, §§ 929, 158 I BGB**. Ob eine Zustimmung des Käufers vorliegt, muss den Umständen entnommen werden und kann nicht allein darin gesehen werden, dass der Käufer die Sache vorbehaltlos annimmt. Zweifel gehen zu Lasten des Verkäufers.

- Der Käufer will nach wie vor eine unbedingte Übereignung des Kaufgegenstandes. **Dann erlangt er zunächst weder Eigentum, noch ein Anwartschaftsrecht**, da die Übereignung nicht einmal aufschiebend bedingt erfolgte. Der **Käufer kann jedoch den Verkäufer auf Abgabe einer unbedingten Einigungserklärung verklagen**, müsste sich dann aber die Einrede des § 320 BGB entgegenhalten lassen.

2. V kann mit K nur dann einen nachträglichen EV vereinbaren, wenn K sich dazu bereit erklärt. Das Eigentum muss dann wieder auf V rückübertragen werden. Dies kann **auf zweierlei Art und Weise** erfolgen:

- Entweder **übereignet K dem V den Lkw gem. §§ 929, 930, 158 II BGB unter der auflösenden Bedingung der Kaufpreiszahlung**. K verbleibt dann ein AnwartschaftsR am Lkw.

- Oder **K übereignet den Lkw an V unbedingt gem. §§ 929, 930 BGB und gleichzeitig rückübereignet V den Lkw an K gem. §§ 929 S. 2, 158 I BGB** unter der aufschiebenden Bedingung der vollständigen Kaufpreiszahlung.

hemmer-Methode: Merke: Ein nachträglicher einseitiger EV ist immer wirkungslos; ein nachträglich vereinbarter EV ist vor und nach der Übereignung möglich.

Probleme können sich auch ergeben, wenn beide Parteien AGB verwenden und die AGB des Verkäufers einen EV vorsehen, während die des Käufers einen EV ausschließen (vgl. dazu H/W, BGB AT I, Rn. 325). Schuldrechtlich wird i.d.R. kein EV zustande kommen, dagegen muss die Übereignung wohl als (wenngleich vertragswidrig) aufschiebend bedingt verstanden werden. Schuldrechtlich fehlt die Übereinstimmung im Hinblick auf die AGB, der gesamte Vertrag ist jedoch nicht nichtig, da das Faktum der Erfüllung stärker wirkt. Dinglich fehlt die Einigung über eine bedingungslose Übereignung.

Es gibt Sonderformen des EV, z.B. der erweiterte, nachgeschlagene oder weitergeleitete EV (siehe dazu im Einzelnen SachenR II, Rn. 146 ff.). Die klausurrelevanteste Sonderform ist der verlängerte EV.

Was wird zwischen den Parteien bei einem verlängerten EV vereinbart?

Der **verlängerte EV** stellt eine **Kombination von EV und Sicherungsabtretung** dar. Er wird meistens vereinbart, wenn der Vorbehaltskäufer ein Zwischenhändler ist und er die Sache nur zum Zwecke des Weiterverkaufs ersteht. Im Einzelnen sind dabei folgende Punkte zu beachten:

- **Die Parteien vereinbaren einen EV**, **wobei der Verkäufer den Käufer gem. § 185 I BGB dazu ermächtigt, die Sache im Rahmen einer ordnungsgemäßen Wirtschafts- und Geschäftsführung weiterzuveräußern**. *Dadurch wird der Abnehmer des Vorbehaltskäufers nicht nur zum Inhaber eines AnwartschaftsR, sondern erwirbt bereits Volleigentum.*

- **Die Forderungen, die im Rahmen der Veräußerung gegen die Abnehmer entstehen, lässt sich der Verkäufer zur Sicherheit für seinen Kaufpreisanspruch im Voraus abtreten, § 398 S. 2 BGB**. Dafür hat er auch ein Sicherungsbedürfnis, da er mit der Weiterveräußerung sein Vorbehaltseigentum verliert.

- **Des Weiteren wird der Käufer vom Verkäufer zur Einziehung der Forderungen gegen die Abnehmer ermächtigt** (zur Zulässigkeit einer Einziehungsermächtigung siehe KK 23*). Diese Ermächtigung erfasst jedoch nicht die Abtretung der Forderung an Dritte.*

hemmer-Methode: Verdeutlichen Sie sich jetzt schon einmal, welche Fallkonstellation sich hinter dem „Sound-Wort" „Kollision von verlängertem EV und Globalzession" verbirgt. Die Lösung dieses Problems wird Ihnen auf KK 97 präsentiert:

Ein Händler bedarf eines Kredits, um seine Waren einkaufen zu können. Eine Bank gewährt den Kredit, lässt sich allerdings zu dessen Sicherung alle Forderungen, die sich aus den künftigen Geschäftsbeziehungen des Händlers ergeben, im Voraus abtreten. Danach bekommt der Händler Ware von seinem Großhändler, der die Ware jedoch nur unter verlängertem Eigentumsvorbehalt ausliefert. Problematisch ist jetzt, wem die Forderungen aus dem Weiterverkauf zustehen: der Bank oder dem liefernden Großhändler.

EV mit Verarbeitungsklausel

Verarbeitet der Käufer die unter EV gelieferte Ware, bevor er sie selbst weiterveräußert, läuft der Verkäufer Gefahr, sein Vorbehaltseigentum nicht erst mit der Weiterveräußerung zu verlieren, sondern bereits mit Verarbeitung der Ware gem. § 950 BGB. Ihm bliebe dann nur noch ein Anspruch gem. §§ 951 I, 812 I S. 1 BGB. In solchen Fällen vereinbaren die Parteien eine sog. Verarbeitungsklausel.

SG hat eine kleine Schneiderei und ist nicht im Handelsregister eingetragen. Gl liefert ihm seit Jahren Stoffe unter EV. Es ist vereinbart, dass alle Kleidungsstücke, die SG aus dem Stoff herstellt, für Gl hergestellt werden. SG darf die Stücke im Rahmen eines ordnungsgemäßen Geschäftsverkehrs veräußern. Die aus dem Verkauf resultierenden Forderungen werden im Voraus an den Gl abgetreten. SG soll einziehungsberechtigt sein. SG schneidert aus dem Stoff edle Anzüge.

Wer ist Eigentümer der Anzüge geworden?

Gl könnte Eigentümer der Anzüge geworden sein. Gl war aufgrund des vereinbarten EVs auch nach Lieferung an SG noch Eigentümer des Stoffes. **SG hat aber durch die Verarbeitung aus dem Stoff neue bewegliche Sachen hergestellt.** Der Stoff existiert nicht mehr als eigenständige Sache im rechtlichen Sinne, **und damit ist auch das Vorbehaltseigentum des Gl am Stoff erloschen.**

Gl könnte aber **gem. § 950 BGB durch Verarbeitung Eigentümer** der Anzüge geworden sein. Tatsächlich hergestellt hat die Anzüge SG. Die Parteien haben aber vereinbart, dass SG aus dem Stoff Ware „für den Gl" herstellen soll. Gl soll also Eigentümer der Fertigware werden**. Damit ergibt sich aus der Parteivereinbarung, dass Gl Hersteller i.S.d. § 950 BGB sein soll**. Damit haben die Parteien eine **sog. Verarbeitungsklausel** vereinbart**. Die h.M. hält solche Verarbeitungsklauseln für zulässig, umstritten ist nur die dogmatische Begründung**:

Die **Rspr.** hält **§ 950 BGB** für **zwingend, nur wer herstellt, wird Eigentümer**. **Allerdings hält sie Parteiabreden darüber, wer als Hersteller anzusehen sei, für wirksam.**

Eine **a.A. hält § 950 BGB für abdingbar**. Parteiabreden gingen der gesetzlichen Regelung vor.

Eine **dritte Ansicht hält § 950 BGB für zwingend**, **legt die Verarbeitungsklausel jedoch als auflösend bedingte Sicherungsübereignung gem. §§ 929, 930, 158 I BGB aus**. Der Vorbehaltskäufer sei zwar Hersteller, er übereigne aber nach Herstellung das Produkt im Wege eines antizipierten Besitzkonstituts zur Sicherheit an den Vorbehaltsverkäufer zurück.

Der Meinungsstreit ist im Fall unerheblich. Gl ist entweder aufgrund von Parteiabrede (a.A., dritte Ansicht) oder durch Verarbeitung (Rspr.) Eigentümer geworden.

hemmer-Methode: Erlangt der Verkäufer Alleineigentum an der neu hergestellten Sache und ist diese aufgrund der Herstellung wesentlich wertvoller als das Rohmaterial, kann ein Fall der Übersicherung vorliegen. Der Vertrag könnte gem. § 138 BGB nichtig sein. Um dem zu entkommen, können die Parteien vereinbaren, dass der Verkäufer nach Herstellung nur Miteigentümer der neuen Sache sein soll. Käufer und Verkäufer werden dann in dem Verhältnis Miteigentümer, in dem der Wert des Rohmaterials zum Wert der neuen Sache steht. Sind in diesem Fall verlängerter EV und Verarbeitungsklausel von den Parteien vereinbart worden und veräußert der Käufer die neue Sache dann weiter, verliert der Verkäufer sein Miteigentum, erwirbt dafür aber einen seinem Anteil am Miteigentum entsprechenden Teil der Forderung gegen den Erwerber.

Im Rahmen des verlängerten EV kann die Sachlage zusätzlich dadurch verkompliziert werden, dass der SG und dessen Abnehmer ein Abtretungsverbot nach § 399, 2.Alt. BGB bzgl. der Kaufpreisforderung vereinbaren.

Sachverhalt wie im vorhergehenden Fall. SG verkauft die Anzüge jetzt allerdings an den Boutiquebesitzer B. Dieser stellt bei Abschluss des Kaufvertrages die Bedingung, dass die Abtretung der Kaufpreisforderung ausgeschlossen sein soll, damit sich sein Abrechnungsverkehr übersichtlicher gestaltet.

Als SG zahlungsunfähig wird, verlangt GI von B Zahlung der noch ausstehenden Kaufpreisforderung.

Gl könnte gegen B einen Anspruch aus § 433 II BGB i.V.m. § 398 S. 2 BGB haben. **Fraglich ist aber, ob die Forderung trotz des vereinbarten Abtretungsverbots dem Gl wirksam im Voraus abgetreten werden konnte**.

Grundsätzlich kann die Befugnis, über ein veräußerliches Recht nicht verfügen zu dürfen, durch Rechtsgeschäft nicht ausgeschlossen werden, § 137 BGB. Allerdings macht § 399 Alt.2 BGB davon eine Ausnahme für die Abtretung von Forderungen.

Eine Ansicht erachtet ein nach der Abtretung vereinbartes Abtretungsverbot gleichwohl **für unwirksam**, da der Zedent in diesem Zeitpunkt keine Verfügungsmacht mehr über die Forderung habe.

Der **BGH** hält ein **Abtretungsverbot nach der Vorausabtretung grds. für möglich,** da die abgetretene Forderung nur so erworben werden kann, wie sie auch entstanden ist (nämlich unabtretbar). Der BGH **misst seine Wirksamkeit jedoch an § 138 BGB**. **Das Abtretungsverbot darf nicht nur die Interessen des Abnehmers** (hier des B) **einseitig schützen**. Der Abnehmer hat ein Interesse daran, seine Abrechnung übersichtlich zu gestalten und die Gefahr von Doppelzahlungen zu vermeiden. Der Verkäufer hat ein Interesse, seinen Kaufpreisanspruch bzgl. des Rohstoffs durch einen verlängerten EV zu sichern. Und der Käufer hat wirtschaftliche Interessen dahin gehend, dass er zum einen nur Waren unter verlängertem EV geliefert bekommt, seinen Abnehmer aber verlieren würde, wenn er das Abtretungsverbot nicht vereinbaren würde. **Unter Berücksichtigung dieser Interessenlage hat der BGH letztlich das Abtretungsverbot für wirksam erachtet** (vgl. dazu im Einzelnen H/W, KreditsR, Rn. 144). **§ 354a I HGB** (Lesen!) **greift nicht ein**. Der Schneider hat einen nur kleinen Handwerksbetrieb und betreibt damit kein Handelsgewerbe i.S.d. § 1 II HGB, ist mithin - da er auch nicht eingetragen ist - kein Kaufmann. Damit liegt auf Seiten des SG kein Handelsgeschäft vor. Da das Abtretungsverbot wirksam war, hat Gl die Kaufpreisforderung nicht erworben.

hemmer-Methode: B hat im Fall aber nicht Eigentum an den Anzügen erworben. SG verfügte als Nichtberechtigter ohne Einwilligung des Gl. Aus Sinn und Zweck der Vereinbarung zwischen SG und Gl ergibt sich, dass SG nur zur Weiterveräußerung berechtigt sein sollte, wenn auch die Vorausabtretung wirksam werden kann. Ein Erwerb gem. §§ 929, 932 I BGB liegt ebenfalls nicht vor, da B nicht gutgläubig war. Ein Abnehmer, der mit einem Zwischenhändler im KV ein Abtretungsverbot vereinbart, darf sich nicht einfach auf die Verfügungsberechtigung des Veräußerers verlassen, weil die vom Lieferanten erteilte Ermächtigung gerade nicht für diese Fälle gilt. Eben weil das Abtretungsverbot vereinbart wurde, hätte B mit einem EV rechnen müssen und bzgl. der Verfügungsberechtigung des SG nachforschen müssen. Eine Nachforschungspflicht trifft den Erwerber, wenn bekannt ist, dass in manchen Branchen die Rohstofflieferung üblicherweise nur unter verlängertem EV erfolgt. Gl hat somit einen Anspruch aus § 985 BGB gegen B. Der KV mit SG gibt B gegen Gl kein Recht zum Besitz gem. § 986 I BGB.

Lassen Sie die verschiedenen Sicherungsmittel nochmals Revue passieren und verdeutlichen Sie sich erneut deren Unterschiede.

Fassen Sie die verschiedenen Sicherungsmittel in ihren Entstehungsvoraussetzungen zusammen!

1. Bürgschaft: zu sichernde Forderung, BürgschaftsV § 765 BGB, Formbedürftigkeit der Erklärung des Bürgen § 766 BGB.

2. Hypothek: zu sichernde Forderung, Einigung, Eintragung §§ 873, 1113, 1115 BGB, Briefübergabe §§ 1116 I, 1117 BGB oder Briefausschluss § 1116 II BGB.

3. Pfandrecht an

- **beweglichen Sachen:** zu sichernde Forderung, Einigung § 1205 BGB, Übergabe der verpfändeten Sache §§ 1205, 1206 BGB.
- **Rechten:** zu sichernde Forderung, Einigung, die Bestellung des Pfandrechts erfolgt nach den für die Übertragung des Rechts geltenden Vorschriften, § 1274 I S. 1 BGB. Die Sondervorschriften der §§ 1297 ff. BGB sind zu berücksichtigen.

4. Schuldbeitritt: Schuldverpflichtung gem. §§ 311 I, 241 BGB, als Vertrag zwischen SG und Gl oder als echter Vertrag zugunsten des Gl zwischen SG und S.

5. SiGS: Einigung, Eintragung, § 873 BGB, bei Brief-GS noch Briefübergabe, §§ 1192, 1116 I, 1117 BGB, bei Buch-GS Briefausschluss, §§ 1192, 1116 II BGB. Wichtig: Es bedarf keiner zu sichernden Forderung.

6. SiÜ: Sie erfolgt i.d.R. gem. §§ 929, 930 BGB, meist unter der auflösenden Bedingung (§ 158 II BGB) der Erfüllung des Sicherungszwecks.

7. SiZession: Abtretung der Forderung gem. § 398 BGB evtl. unter auflösender Bedingung.

8. Entstehungsvoraussetzungen des Eigentumsvorbehalts:

- **schuldrechtliche:** durch Vereinbarung im Kaufvertrag, in dem sich der Verkäufer zur Übergabe und zur aufschiebenden Übereignung der Kaufsache verpflichtet.
- **sachenrechtliche:** Verkäufer übereignet die Kaufsache aufschiebend bedingt, §§ 929, 158 I BGB, an den Käufer.

hemmer-Methode: Lesen Sie hierzu vertiefend H/W, KreditsR, Rn. 10-146.

Unwirksamkeit des SiV bei Bürgschaft, EV, Schuldbeitritt

Forderungsbegründendes Rechtsgeschäft, Sicherungsvertrag und Bestellung der Sicherheit können jeweils für sich genommen unwirksam sein. Fraglich ist dann, wie sich die Unwirksamkeit des Sicherungsvertrages auf die anderen beiden Rechtsgeschäfte auswirkt, insbesondere, ob dann eine Sicherheit wirksam bestellt worden ist. Bei den Personalsicherheiten und dem EV ergeben sich hierbei keine größeren Probleme.

S kauft bei Gl einen Gebrauchtwagen für 5.000 €.

1. **Sein Freund SG, Besitzer eines kleinen „Tante-Emma-Ladens“, verbürgt sich mündlich für ihn. Als S nicht zahlt, wendet sich Gl an SG.**
2. **Im Kaufvertrag wurde ein Eigentumsvorbehalt geregelt, sog. Vertragsgemäßer Eigentumsvorbehalt. Da Gl den Kaufvertrag anficht, ist dieser jedoch gem. § 142 I BGB nichtig.**

Spielt die Unwirksamkeit des SicherungsV für die jeweilige Sicherheit eine Rolle?

1. Der Anspruch des Gl könnte sich aus § 765 I i.V.m. § 433 II BGB ergeben**. Der Bürgschaftsvertrag zwischen Gl und SG ist aber gem. § 766 S. 1 BGB unwirksam**. Zwar gilt das Formerfordernis gem. **§ 350 HGB** nicht für Kaufleute, für die die Bürgschaftserklärung ein Handelsgeschäft ist. SG betreibt zwar ein Gewerbe aber nicht gem. § 1 II HGB, er ist kein **Kaufmann**, für den § 350 HGB gilt. Es besteht kein Bürgschaftsvertrag und damit auch kein Anspruch aus § 765 I i.V.m. § 433 II BGB.

Da allein aufgrund des Bürgschaftsvertrages (= Sicherungsvertrag) der Anspruch gegen den Bürgen entsteht und kein dingliches Erfüllungsgeschäft erforderlich ist, stellt sich bei der Bürgschaft das Problem der Auswirkung der Unwirksamkeit des Sicherungsvertrages auf die Sicherheit nicht, denn **ohne wirksamen Sicherungs-(= Bürgschafts-)vertrag gibt es auch kein Sicherungsmittel.**

2. Auch **beim EV** stellt sich das Problem der Unwirksamkeit der Sicherungsabrede nicht. **Sicherungsvertrag und forderungsbegründendes Schuldverhältnis sind immer identisch**, da beide im Kaufvertrag enthalten sind. **Bei Unwirksamkeit des Kaufvertrages kann die Bedingung nicht eintreten, unter der der Käufer das Eigentum erwirbt** (vollständige Begleichung der Kaufpreisschuld), da die Kaufpreisschuld des Käufers gar nicht besteht. Der Käufer hat wegen seiner bereits erbrachten Leistungen gegen Gl bereicherungsrechtliche Ansprüche. **Gl ist** selbstverständlich **Eigentümer des Autos** geblieben.

hemmer-Methode: Bei der Personalsicherheit des Schuldbeitritts stellt sich das Problem ebenfalls nicht. Auch hier kann der SG vom SN nur bei Vorliegen eines wirksamen Sicherungsvertrages, d.h. also einer wirksamen Erklärung des Schuldbeitritts, in Anspruch genommen werden. Beachten Sie, dass bei den Personalsicherheiten ohne Sicherungsvertrag zwar kein Sicherungsmittel besteht, aber evtl. Sekundäransprüche z.B. aus § 122 BGB oder §§ 280 I, 311 II, 241 II BGB geltend gemacht werden können.

Sie müssen sich immer wieder bei den unterschiedlichen Kreditsicherungsmitteln die verschiedenen Rechtsgeschäfte, die für ihre Bestellung erforderlich sind, vor Augen halten!

Bei den akzessorischen Realsicherheiten (Hypothek, Pfandrecht) kann sich die Unwirksamkeit des Sicherungsvertrages sowohl auf das forderungsbegründende Schuldverhältnis auswirken, als auch auf die Bestellung der Sicherheit. Nach der Rspr. ist jedoch Voraussetzung hierfür, dass der Sicherungsvertrag jeweils mit dem anderen Rechtsgeschäften zu einer Einheit i.S.d. § 139 BGB zusammengefasst ist.

S hat bei Gl ein Darlehen i.H.v. 10.000 € aufgenommen. Sein Freund SG bestellt dem Gl zur Sicherheit eine Hypothek an seinem Grundstück, verpfändet seine Wertpapiere im Wert von 100.000 € und übereignet dem Gl zur Sicherheit seinen Ferrari und Porsche. Damit hat SG seine gesamten Vermögenswerte zur Sicherung der Forderung zur Verfügung gestellt.

Als S nicht zahlt, will Gl sich aus dem Grundstück des SG befriedigen. Hat Gl einen Anspruch gegen SG?

Der Gl könnte gegen SG einen **Anspruch auf Duldung der Zwangsvollstreckung gem. § 1147 BGB** haben. Dann müsste am Grundstück des SG eine Hypothek zugunsten des Gl bestellt worden sein. **Fraglich ist, ob eine zu sichernde Forderung besteht**. Die **Sicherungsabrede** zwischen SG und Gl ist nämlich **wegen Übersicherung gem. § 138 BGB nichtig**, da die Bestellung der Sicherheiten dazu führt, dass SG in seiner wirtschaftlichen Betätigungsfreiheit übermäßig beschränkt wird. **Würde der Darlehensvertrag mit dem Sicherungsvertrag ein einheitliches Rechtsgeschäft i.S.d. § 139 BGB bilden, wäre auch der Darlehensvertrag nichtig und es bestünde keine zu sichernde Forderung. Damit wäre gem. §§ 1163 I S. 1, 1177 I BGB nur eine EGS entstanden**. § 139 BGB scheidet jedoch in diesem Fall aus, da der SG nicht gleichzeitig Partei des Darlehensvertrags ist.

Die **Unwirksamkeit des Sicherungsvertrages könnte jedoch gem. § 139 BGB die Nichtigkeit der Hypothekenbestellung nach sich ziehen**. Hierzu gibt es jedoch zwei unterschiedliche Ansichten:

- Nach der **Rspr. greift § 139 BGB, wenn Sicherungsvertrag und Hypothekenbestellung eine Einheit bilden** (z.B. die dingliche Einigungserklärung im Sicherungsvertrag abgegeben wird) **und konkrete Anhaltspunkte für einen auf Einheitlichkeit gerichteten Parteiwillen vorliegen.**

- Nach **a.A.** ist **§ 139 BGB nicht einschlägig**, da seine Anwendung das **Abstraktionsprinzip** beseitigen würde. Die Unwirksamkeit der Sicherungsabrede kann sich nach dieser Ansicht nur auf die Bestellung der Hypothek erstrecken, wenn diese von der Bedingung abhängig gemacht wurde, dass die Sicherungsabrede wirksam ist.

Die Meinung der Rspr. verhilft der Privatautonomie besser zur Geltung. In der Regel ist also von der Selbständigkeit beider Geschäfte auszugehen, es sei denn, es würden konkrete Umstände dagegen sprechen. **Im Zweifel ist die Hypothek zwar wirksam bestellt, jedoch gem. § 812 I S. 1, 1.Alt. BGB durch den SG kondizierbar**. Da **im Fall** keine besonderen Umstände vorliegen, ist von einer **wirksamen Hypothekenbestellung** auszugehen. SG kann dem Anspruch des Gl aus § 1147 BGB **aber die Bereicherungseinrede aus § 821 BGB** entgegenhalten.

hemmer-Methode: Ebenso kann der SicherungsV gem. § 139 BGB von der Nichtigkeit des forderungsbegründenden Geschäfts erfasst werden. Die obigen Ausführungen zu § 139 BGB gelten auch bei der Bestellung eines Pfandrechts. Siehe nochmals ausführlich zum Ganzen H/W, KreditsR, Rn. 154 ff.

Für die nicht-akzessorischen Realsicherheiten ist es nicht von Bedeutung, ob wegen der Nichtigkeit des Sicherungsvertrages auch das forderungsbegründende Schuldverhältnis gem. § 139 BGB nichtig ist oder umgekehrt, da bei ihnen eine zu sichernde Forderung nicht EntstehungsVss. ist. Fraglich bleibt jedoch trotzdem, inwieweit die Bestellung der Sicherheit von einer Unwirksamkeit der Sicherungsabrede erfasst wird.

SG schließt mit Gl einen privatschriftlichen Kaufvertrag über ein Grundstück. Zur Sicherung des Kaufpreises bestellt er dem Gl gleichzeitig eine SiGS an einem anderen, ihm bereits gehörenden Hausgrundstück.

Hat Gl an diesem Hausgrundstück eine GS erworben?

Die GS ist gem. §§ 1192 I, 873 BGB bestellt worden. **Zwar besteht aufgrund der Missachtung des Formerfordernisses aus § 311b I S. 1 BGB keine zu sichernde Kaufpreisforderung**, **eine solche ist** jedoch gerade **nicht EntstehungsVss. für** das nicht-akzessorische Sicherungsmittel der **SiGS.**

Das **Formerfordernis des § 311b I S. 1 BGB erstreckt sich** aber in diesem Fall auch **auf den Sicherungsvertrag**, da nach dem Parteiwillen beide Vereinbarungen miteinander stehen und fallen sollen, sie bilden einen Gesamtvertrag. **Der Sicherungsvertrag ist** gem. § 311b I S. 1 i.V.m. § 125 S. 1 BGB **formnichtig.**

Die **GS-Bestellung** könnte damit **unwirksam sein, wenn Sicherungsvertrag und Bestellung der GS ein einheitliches Rechtsgeschäft i.S.d. § 139 BGB wären**. Dies kann man jedoch wiederum **nur** annehmen, **wenn konkrete Anhaltspunkte** für einen solchen Einheitlichkeitswillen der Parteien vorliegen. Solche liegen im Fall nicht vor.

Die GS-Bestellung wäre jedoch auch unwirksam, wenn die Parteien die Bestellung von der Wirksamkeit des Sicherungsvertrages abhängig gemacht haben oder wenn die Bestellung durch das Bestehen einer zu sichernden Forderung gem. § 158 I BGB aufschiebend bedingt worden ist. Eine solche Bedingung muss jedoch erkennbar vereinbart worden sein. Dies ist hier nicht der Fall.

Damit hat der Gl die GS wirksam erworben (vgl. dazu H/W, KreditsR, Rn. 156 ff.).

hemmer-Methode: Für die SiGS und die SicherungsÜ gilt im Übrigen Folgendes: Ist die Sicherungsabrede unwirksam, kann der SG ein wirksam bestelltes Sicherungsmittel gem. § 812 I S. 1, 1.Alt. BGB zurückfordern. Nimmt der Gl ihn trotzdem in Anspruch, kann er die Einrede aus § 821 BGB erheben. Wenn zwar die Sicherungsabrede wirksam ist, aber die zu sichernde Forderung nicht besteht, hat der SG aus dem Sicherungsvertrag einen schuldrechtlichen Anspruch auf Rückübertragung des Sicherungsmittels und ein Leistungsverweigerungsrecht, sollte ihn der SN in Anspruch nehmen. Aber beachten Sie, dass bis zur Kondiktion oder Rückübertragung des Sicherungsmittels dinglicher Berechtigter der SN/Gl bleibt. Ansprüche aus §§ 894, 952, 985 BGB (Herausgabe des GS-Briefes) oder § 985 BGB auf Herausgabe des Sicherungseigentums hat der SG nicht.

Probleme ergeben sich, wenn der Sicherungsvertrag zwischen SG und SN geschlossen worden ist, die Sicherheit bestellt wurde, aber die zu sichernde Forderung noch nicht besteht, da der Gl die Kreditsumme noch nicht ausbezahlt hat (= Nichtvalutierung). Bei diesem Problemkreis ist wiederum die Unterscheidung zwischen akzessorischen und nicht-akzessorischen Sicherungsmitteln wichtig.

Bei der Hypothek besteht bis zur Valutierung eine EGS (KK 12), unabhängig davon, ob der Gl bereits als Gl des Buchrechts eingetragen worden ist oder ob er als Gl des Briefrechts den Hypothekenbrief erhalten hat. Wie ist die Rechtslage vor Valutierung

1. **bei der Bürgschaft?**
2. **beim Pfandrecht?**
3. **beim EV?**
4. **bei den nicht-akzessorischen Sicherungsmitteln?**

1. Die **Bürgschaft** ist ein **akzessorisches Sicherungsmittel**, für deren Bestand eine zu sichernde (zumindest künftige) Forderung Voraussetzung ist. **Ein Anspruch gegen den Bürgen kann also erst bestehen, wenn auch der Hauptschuldner in Anspruch genommen werden kann**. Zwar ist es gem. *§ 765 II BGB* möglich, sich *für eine künftige Forderung zu verbürgen, womit dann der Bürgschaftsvertrag von Anfang an wirksam ist. Allerdings ist die Bürgschaft an sich bis zur Valutierung gegenstandslos*. Die Bürgschaft „schwebt" bis dahin.

Soll die Bürgschaft einen Rückzahlungsanspruch aus einem Darlehen sichern, ist zu berücksichtigen, dass dieser erst mit Auszahlung des Darlehens entsteht.

2. *Auch das* **Pfandrecht** *kann vor Auszahlung bestellt werden und sichert dann eine künftige Forderung, § 1204 II BGB.* Anders als bei der Hypothek gebührt das Pfandrecht bereits im Zeitpunkt der Bestellung dem Gl und nicht erst mit Entstehung der zu sichernden Forderung, was Auswirkungen für die Rangstellung des PfandR hat, § 1209 BGB. Mit anderen Worten: **Das PfandR besteht schon mit der Bestellung**, es entsteht kein Eigentümerpfandrecht, das der SG zur Zwischenfinanzierung verwenden könnte, § 1256 I S. 1 BGB (zum Verständnis der Zwischenfinanzierung siehe KK 39). **Vor Valutierung kann sich der PfandGl jedoch nicht durch Pfandverkauf befriedigen** (§§ 1228 I, 1233 ff. BGB), **sondern erst nach Pfandreife, § 1228 II BGB.**

3. Beim EV ergeben sich **keine Probleme** mit der Nichtvalutierung. Der Kredit besteht hier in der Stundung des Kaufpreises durch den Verkäufer. **Der Käufer/SG gibt dafür nichts hin, sondern erhält nur ein „Weniger", nämlich statt des Volleigentums ein AnwartschaftsR**.

4. Bei den nicht-akzessorischen Sicherungsmitteln (**SicherungsÜ, SiZession, SiGS**) bedarf es zu ihrer Entstehung gerade keiner zu sichernden Forderung. **Das Sicherungsmittel ist auch dann wirksam entstanden, wenn die künftig zu sichernde Forderung noch nicht einmal ihrem Entstehungsgrunde nach bestimmbar ist**.

hemmer-Methode: Auch bei dieser Problemstellung ist wieder erkennbar, wie wichtig es ist, zwischen akzessorischen und nicht-akzessorischen Sicherungsmitteln zu differenzieren. Sie sollten sich den Unterschied immer klar vor Augen halten.

RückübertragungsA/Verwertung vor Valutierung

Da die nicht-akzessorischen Sicherungsmittel auch wirksam sind, bevor die zu sichernde Forderung entsteht, hat der SN die Möglichkeit das Sicherungsmittel schon vor Entstehung der gesicherten Forderung zu verwerten, d.h. das Sicherungsmittel zu Geld zu machen. Von Interesse ist dann, was der SG unternehmen kann, um eine solche Verwertung zu verhindern.

1. **SG nimmt zur Finanzierung einer Geschäftsgründung einen Kredit bei der SN-Bank auf. Zur Sicherheit bestellt er der Bank eine SiGS an seinem Grundstück. Nachdem die Bank den Kredit nicht auszahlt, will SG die GS wieder zurück haben. Welche Ansprüche hat SG gegen die Bank? Kann er die Valutierung zu erzwingen?**

2. **Obwohl die Bank den Kredit immer noch nicht ausgezahlt hat, will die SN-Bank die SiGS verwerten und verklagt SG auf Duldung der Zwangsvollstreckung. Was kann der SG im Prozess geltend machen?**

1. Sollte die **Nichtvalutierung endgültig** sein, ergibt sich **i.d.R. ein Rückübertragungsanspruch aus der Sicherungsabrede**. *Wurde dieser Fall nicht ausdrücklich im Vertrag geregelt, kann die Lücke im Wege der ergänzenden Vertragsauslegung geschlossen werden, § 157 BGB* (H/W, KreditsR, Rn. 168 ff.). Ergibt sich kein vertraglicher Rückübertragungsanspruch, besteht die Möglichkeit der **Kondiktion gem. § 812 I S. 2, 2.Alt. BGB**, da die Sicherheit zur Erlangung des Kredits hingegeben wurde und dieser nach dem Inhalt des Rechtsgeschäfts **bezweckte Erfolg nicht eingetreten** ist. SG hat in diesem Fall ein Wahlrecht. Er kann entweder die Rückübertragung der SiGS auf sich gem. §§ 1192, 1154 BGB, Verzicht gem. §§ 1191, 1168 BGB oder Aufhebung gem. §§ 1192, 1183, 875 BGB verlangen.

Nur wenn der SG zugleich auch Schuldner der zu sichernden Forderung ist (wie hier im Fall gegeben), **kann er die Valutierung erzwingen, indem er auf Auszahlung aus dem Darlehensvertrag klagt**.

2. Gegen den von der SN-Bank geltend gemachten Anspruch aus §§ 1192 I, 1147 BGB kann **der SG die Einrede erheben, die SiGS sei nicht fällig, weil die gesicherte Forderung noch nicht entstanden ist. Eine solche Fälligkeitsbestimmung i.S.d. § 1193 II BGB enthält der Sicherungsvertrag zumeist**. Ist die Nichtvalutierung endgültig, hat der SG eine dauernde Einrede gegen die SiGS und kann vom SN den Verzicht auf die SiGS gem. §§ 1169, 1168, 1192 I BGB verlangen. Dieser Verzichtsanspruch steht neben dem Rückübertragungsanspruch aus dem Sicherungsvertrag. **Der SN wird den Prozess dann verlieren und erlangt daher keinen vollstreckbaren Titel**, den er zur Zwangsvollstreckung in das Grundstück benötigt.

hemmer-Methode: Hat der SN bereits eine vollstreckbare Urkunde gem. §§ 794 I Nr.5, 800 I ZPO, braucht er nicht mehr den Anspruch auf Duldung in die Zwangsvollstreckung vor Gericht geltend zu machen, da er bereits einen vollstreckbaren Titel in Händen hält. Der SG kann sich jedoch mit der Vollstreckungsabwehrklage gem. §§ 795, 767 ZPO gegen eine Vollstreckung aus der Urkunde zur Wehr setzen, in deren Rahmen er dann alle Einreden (somit auch die mangelnder Fälligkeit), die sich gegen den Anspruch auf Duldung der Zwangsvollstreckung richten, geltend machen kann. Dabei ist er nicht durch die Präklusionswirkung des § 767 II ZPO beschränkt, § 797 IV ZPO.

Auch bei nicht-akzessorischen Sicherungsmitteln stellt sich häufig das Problem der Verwertung der Sicherheit vor Valutierung, da diese gerade keine EntstehungsVss. ist.

SG nimmt bei der SN-Bank einen Kredit auf, um eine Südseereise zu finanzieren. Zur Sicherheit überträgt er der Bank seinen Pkw. Noch vor der Ausbezahlung des Kredits will die Bank den Pkw durch Verkauf an D verwerten:

1. **Die SicherungsÜ erfolgte gem. §§ 929 S. 1, 930 BGB. Der SG hat folglich den Pkw immer noch in Besitz. Die Bank verlangt ihn zum Zwecke der Verwertung heraus.**
2. **SN-Bank hatte Pkw sofort in Besitz genommen und ihn nun bereits an D verkauft.**
3. **Wie im Ausgangsfall, allerdings tritt SG zur Sicherheit nun eine Forderung gegen D an die Bank ab. Die Bank zieht die Forderung bei D ein, obwohl der Kredit noch nicht ausbezahlt worden ist.**

Wie ist die Rechtslage?

1. Einem Herausgabeanspruch der Bank aus § 985 BGB steht das **Besitzrecht des SG aus dem Sicherungsvertrag entgegen, § 986 I BGB**. **Der SG ist so lange besitzberechtigt, bis der gesicherte Anspruch fällig wird und der S** (der im Fall mit dem SG identisch ist) **nicht zahlen kann**. Vor Fälligkeit der gesicherten Forderung besteht keine Verwertungsreife gem. § 1228 II BGB analog. Der SG ist aber erst recht besitzberechtigt, wenn die zu sichernde Forderung noch nicht einmal entstanden ist.

2. Selten wird bei einer SicherungsÜ der SG seinen unmittelbaren Besitz aufgeben. Ist der **SN** jedoch im **unmittelbaren Besitz** des Sicherungsgutes, **kann der SG die Verwertung vor Valutierung nicht verhindern** (allenfalls – bei Vorliegen der Voraussetzungen – durch e.V.). Er ist nach Verwertung **auf Schadensersatzansprüche beschränkt**:

- **Ansprüche gegen D bestehen nicht**, da dieser vom Berechtigten Eigentum erwerben konnte.
- Es besteht **ein Anspruch gegen SN aus §§ 280 I, III, 283 BGB**, da das Sicherungseigentum (Pkw) vom SN nun nicht mehr zurückübertragen werden kann. **Evtl. Ansprüche aus §§ 823 I, 826 BGB**. *Achtung: § 816 I BGB liegt nicht vor, da D vom dinglich Berechtigten, der SN-Bank, erwirbt.*

3. Ansprüche des SG gegen D bestehen nicht, da D an den Forderungsinhaber SN schuldbefreiend leistet.

Ansprüche des SG gegen SN-Bank: Es besteht ein **Anspruch nach §§ 280 I, III, 283 BGB oder §§ 280 I, 241 II BGB**, weil die SN-Bank nun die Forderung nicht zurückübertragen kann, **evtl.** sogar ein **Anspruch aus § 826 BGB**. *Achtung: Ein Anspruch aus § 816 II BGB besteht nicht, da die Leistung des D an SN-Bank als Berechtigte erfolgte.*

Der SG genießt bei der SiZession keinen dem § 986 II BGB vergleichbaren Schutz (der dem SG bei einer SicherungsÜ zugutekommt), denn der Drittschuldner kann i.d.R. gegenüber dem SN nicht geltend machen, dass der SN gegenüber dem SG zur Einziehung der Forderung beim Drittschuldner nicht berechtigt sei. **Bei der SiZession fehlt dem SG eine dem Besitz vergleichbare Rechtsposition**.

hemmer-Methode: Beachten Sie: Auch bei SicherungsÜ und SiZession hat der SG bei endgültiger Nichtvalutierung einen Rückübertragungsanspruch aus dem Sicherungsvertrag oder hilfsweise aus § 812 I S. 2, 2.Alt. BGB. Ebenso kann er, wenn er gleichzeitig auch Schuldner der zu sichernden Forderung ist, die Valutierung erzwingen, indem er aus dem Darlehensvertrag auf Auszahlung klagt. Der SG hat weiterhin die Möglichkeit des Rücktritts gem. § 323 BGB, dessen Folge eine Rückübertragung des SiEigentums oder der SiForderung wäre.

Löschungsanspruch aus § 1179a BGB

GI von gleich- oder nachrangigen Hypotheken haben nach § 1179a BGB gegen den Eigentümer/SG einen Anspruch auf Aufhebung eines dem Eigentümer zufallenden gleich- oder vorrangigen Grundpfandrechts, der kraft Gesetzes wie eine Vormerkung gesichert ist.

SG hatte bei der B-Bank einen Kredit aufnehmen wollen und ihr bereits eine Briefhypothek bestellt. Die Kreditverhandlungen zerschlugen sich jedoch, weil die B-Bank insolvent wurde, ehe es zur Auszahlung der Kreditsumme kam. Zwischenzeitlich hat sich der X von SG für eine Darlehensforderung eine Sicherungshypothek einräumen lassen, §§ 1184, 488 I BGB. SG veräußert nun das Grundstück an A. Zur Sicherung des Kaufpreises behielt SG das Grundpfandrecht, das infolge der fehlgeschlagenen Kreditaufnahme entstanden war.

Kann X von SG Löschung des Grundpfandrechts (des SG) verlangen?

Der **Anspruch des X auf Löschung des Grundpfandrechts** könnte sich **aus § 1179a I BGB** ergeben. **§ 1196 III** BGB **steht** dem Löschungsanspruch **nicht entgegen**, da das dingliche Recht ursprünglich für B bestellt worden ist. Im Rang geht es der erst später entstandenen Sicherungshypothek des A vor, § 879 I BGB. Solange die Kreditverhandlungen noch andauerten, bestand gem. §§ 1163 I S. 1, 1177 I BGB eine vorläufige EGS für den SG; diesbezüglich bestand wegen § 1179a II S. 1 BGB kein Löschungsanspruch des X**. Spätestens als nach dem Konkurs der B feststand, dass die zu sichernde Forderung nicht entstehen würde, endete die Vorläufigkeit der EGS und der Löschungsanspruch nach § 1179a II, I BGB besteht**.

Schuldner des Anspruchs ist SG, da er Grundstückseigentümer zur Zeit der Eintragung des begünstigten Rechts (s.o.: vorläufige EGS) war, während seiner Eigentumszeit die Vereinigung von Grundstückseigentum und GrundpfandR eintrat und er bis dato Eigentümer des Grundpfandrechtes blieb. Daran ändert auch die Tatsache nichts, dass SG das Grundstück auf A übertragen hat und dadurch die Vereinigung wieder aufgelöst hat. SG ist jetzt lediglich Eigentümer eine Fremd-GS statt einer EGS.

SG könnte einwenden, die Erfüllung des Löschungsanspruchs sei ihm unmöglich, § 275 I BGB, **weil er nicht mehr verfügungsberechtigt über das Grundstück sei** und er die Löschung nicht allein herbeiführen könne, da es dazu der **Zustimmung des Eigentümers** bedürfe, **gem. §§ 1183, 1192 BGB**.

Der Löschungsanspruch ist jedoch gem. § 1179a I S. 3 BGB in gleicher Weise gesichert, als wäre für ihn eine Vormerkung im Grundbuch eingetragen. Die Vormerkung hat die Wirkung, dass jede weitere Verfügung, die nach ihrer Eintragung über das Grundstück oder das Recht getroffen wird, gegenüber dem Anspruchsinhaber (hier X) relativ unwirksam ist, soweit sie seinen Anspruch beeinträchtigen würde. **SG kann daher die Löschung des Rechts im Grundbuch weiterhin durch einseitige Erklärung herbeiführen**. Der neue Eigentümer A ist zur Abgabe der nach § 19 GBO notwendigen Zustimmung nach §§ 888 I, 1179a I S. 3, 1192 BGB verpflichtet.

X hat einen Löschungsanspruch gem. § 1179a I BGB (vgl. dazu ergänzend: H/W, SachenR III, Rn. 212 f.).

hemmer-Methode: Lesen Sie zur Vormerkung H/W, SachenR III, Rn. 98 ff.

Hat der SG dem SN eine Hypothek bestellt, steht dem SG bis zur Valutierung der Schuld eine EGS zu, §§ 1163 I S. 1, 1177 I BGB. Diese bietet sich als Mittel der Zwischenfinanzierung an.

SG möchte ein Haus bauen und nimmt bei der B-Bank einen Kredit auf, für den eine Briefhypothek bestellt wird. Die B-Bank will den Kredit jedoch erst auszahlen, wenn sich der Wert des Grundstücks durch den Rohbau erhöht hat, da ihr die Haftungsmasse des Grundstücks allein zu gering erscheint. SG braucht aber, um mit dem Bau des Hauses beginnen zu können, sofort Geld.

Welche Möglichkeit hat SG, die bereits entstandene EGS, §§ 1163 I S. 1, 1177 I BGB, zu nutzen?

SG kann die EGS als Mittel der Zwischenfinanzierung verwenden.

Er kann **bei einer Zwischenfinanzierungsbank Z-Bank einen Zwischenkredit** aufnehmen. **Diesen sichert er dadurch, dass er die vorläufige EGS** (§ 1163 I S. 1 BGB: vorläufig bis zur Auszahlung des Kredits durch die B-Bank) **an die Z-Bank abtritt**. Die Abtretung der EGS erfolgt **durch schriftliche Abtretungserklärung (§ 1154 I BGB) und Übergabe des Briefes**. *Ist die B-Bank schon im Besitz des Briefes, kann die Übergabe durch Abtretung des Herausgabeanspruchs gegen die B-Bank ersetzt werden* (§§ 1154 I, 1117 I S. 2, 931 BGB). Eine Grundbuchänderung ist aber gerade nicht nötig.

Damit erwirbt die Z-Bank eine vorläufige Grundschuld. Vorläufig deshalb, weil auch die EGS lediglich eine vorläufige war. Würde also nach der Abtretung an die Z-Bank die B-Bank den Kredit auszahlen, würde sich die vorläufige Grundschuld der Z-Bank in eine Briefhypothek für die B-Bank umwandeln.

Um kein Risiko einzugehen, lässt sich die Z-Bank in der Praxis auch den Darlehensauszahlungsanspruch des SG gegen die B-Bank i.H.d. Zwischenkredits abtreten. Zahlt die B-Bank an die Z-Bank, entsteht der Darlehensrückzahlungsanspruch der B-Bank gegen SG und die vorläufige GS bei der Z-Bank wandelt sich in eine Briefhypothek für die B-Bank um.

Sollte sich die Valutierung durch die B-Bank zerschlagen, so wandelt sich die vorläufige GS der Z-Bank in eine endgültige Sicherungs-GS für den Zwischenkredit um. Dann erwirbt die Z-Bank die vorläufige GS als normale Sicherungs-GS.

hemmer-Methode: Die Buchhypothek eignet sich nicht zur Zwischenfinanzierung. Zwar entsteht auch hier vor der Valutierung eine EGS, aber die Übertragung dieses Rechts auf die Zwischenfinanzierungsbank würde deren Eintragung ins Grundbuch erfordern, §§ 1154 III, 873 I BGB, zu der nach § 19 GBO eine Bewilligung des Gl (also der B-Bank) als Eingetragenen erforderlich ist. Der Anspruch des Eigentümers gegen die B-Bank auf die Berichtigungsbewilligung gem. § 894 BGB ist aber durch den Kreditvertrag mit der B-Bank ausgeschlossen: Die schon vor der Valutierung eingetragene Hypothek (=EGS) soll nach dem Kreditvertrag der B-Bank als Sicherungsmittel dienen.

Merke: Ausgangspunkt für die unterschiedlichen Ergebnisse sind vorliegend die verschiedenen Arten der Übertragung von Brief- bzw. Buchhypothek (vgl. dazu auch H/W, KreditsR, Rn. 166).

Wenn die zu sichernde Forderung erlischt (Erlöschensgründe siehe H/W, KreditsR, Rn. 181 ff.), dann stellt sich das Problem, welches Schicksal das Sicherungsmittel ereilt. Auch hier gilt Unterschiedliches für akzessorische und nicht-akzessorische Sicherungsmittel.

Folge der Akzessorietät ist bei der Bürgschaft, dass der Bürge mit Erlöschen der Hauptforderung automatisch frei wird, § 767 I S. 1 BGB. Gleiches gilt für das Pfandrecht. Es erlischt mit der gesicherten Forderung, § 1252 BGB. Es entsteht kein Eigentümerpfandrecht.

Fall: SG hat sich gegenüber Gl/SN für Kaufpreisschuld des S verbürgt. Gl und S schließen nun einen Erlassvertrag mit der Maßgabe, dass nur die Haupt-, nicht aber die Bürgenschuld erlassen sein soll. SG stimmt dieser Vereinbarung zu.

SN will nun SG aus der Bürgschaft in Anspruch nehmen.

SN hat gegen den SG möglicherweise einen Anspruch aus § 765 I BGB i.V.m. § 433 II BGB. Durch den Erlassvertrag, § 397 I BGB, könnte aber die Hauptschuld erloschen sein und damit wegen § 767 I S. 1 BGB auch die Bürgschaftsschuld. Dazu müsste der Erlassvertrag aber wirksam sein. Er verstößt nicht gegen § 767 I S. 3 BGB, jedoch gegen den in § 767 I S. 1 BGB normierten Grundsatz der Akzessorietät der Bürgschaft: **die Bürgschaftsschuld richtet sich nach dem Umfang der Hauptschuld und kann folglich nicht größer sein als diese oder ohne eine Hauptschuld bestehen**. **Der Erlassvertrag ist damit auf eine objektiv rechtlich unmögliche Leistung gerichtet**, da der Bürge rechtlich nicht für eine Hauptschuld einstehen kann, die nicht mehr existiert. Die Zustimmung des Bürgen/SG kann daran nichts ändern.

Der Erlassvertrag lässt die **Hauptschuld entfallen**. **SN hat keinen Anspruch mehr gem. § 433 II BGB gegen S und damit auch nicht gem. § 765 I i.V.m. § 433 II BGB gegen SG.**

Etwas anderes gilt jedoch, wenn die Auslegung ergibt, dass **die Zustimmung des Bürgen zum Erlassvertrag als ein selbständiges Schuldversprechen zu verstehen ist**. Aufgrund der Vertragsfreiheit können die Parteien eine solche Vereinbarung treffen. **Der SG haftet dann aus dem selbständigen Schuldversprechen.**

hemmer-Methode: Ein ähnliches Problem ergibt sich, wenn SN/GL und S einen außergerichtlichen Vergleich schließen. Soweit der Vergleich einen (teilweisen) Erlass der Hauptverbindlichkeit beinhaltet, wird auch der Bürge frei. Eine Klausel im Bürgschaftsvertrag, die bestimmt, dass der Bürge sich auf einen später zwischen S und Gl außergerichtlich abgeschlossenen Vergleich nicht berufen dürfe, ist mit dem Bürgschaftsrecht - insbes. § 767 I S. 1 BGB - unvereinbar und deshalb nichtig. Ob der übrige Bürgschaftsvertrag von der Nichtigkeit miterfasst wird, ergibt sich aus § 139 BGB. Soweit die Hauptverbindlichkeit im Vergleich verschärft wird, wie z.B. durch Zinserhöhung, kann sich dies nicht zuungunsten des Bürgen auswirken, § 767 I S. 3 BGB.

Aufgrund der Akzessorietät der Bürgschaft muss also genau ermittelt werden, ob die Hauptschuld überhaupt noch existiert. Dabei kann häufig problematisch sein, ob die Hauptschuld erloschen ist oder nur in anderer Form weiter besteht. In diesem Zusammenhang muss Ihnen die Abgrenzung zwischen Schuldumwandlung und Schuldabänderung geläufig sein.

Fall: S hat bei Gl einen Computer gekauft. Da sich SG für den Kaufpreisanspruch verbürgt hat, hat Gl auch sofort geliefert. Da S jedoch nicht liquide ist, vereinbart er mit Gl, dass die Kaufpreisschuld als Darlehen gewährt werden soll. Als S auch bei Fälligkeit des Darlehens nicht zahlungsfähig ist, nimmt Gl schließlich SG in Anspruch. SG wendet ein, dass er sich nur für die Kaufpreisforderung verbürgt habe und nicht für die Darlehensforderung.

Hat Gl einen Anspruch gegen SG?

Fraglich ist, ob eine Schuldumwandlung oder eine Schuldabänderung vorliegt:

- Bei der **Schuldumwandlung** geht die ursprünglich gesicherte Verbindlichkeit unter und es entsteht eine neue, andersartige Schuld, die an die Stelle der alten treten soll. **Bei dieser sog. Novation erlöschen die akzessorischen Sicherungsmittel Bürgschaft und Pfandrecht mit dem Untergang der alten Schuld**. Die Zulässigkeit der Novation ergibt sich aus dem Grundsatz der Vertragsfreiheit.
- Bei der **Schuldabänderung** bleibt das alte Schuldverhältnis als solches, wenn auch abgeändert, bestehen. **Bürgschaft und Pfandrecht bleiben grds. erhalten, haften allerdings nicht für eine Erweiterung der Schuld**, §§ 767 I S. 3, 1210 I S. 2 BGB.

Ob eine Schuldumwandlung oder -abänderung vorliegt, ist durch Auslegung zu ermitteln. Dabei sind die Interessen der Parteien zu berücksichtigen. Aus Sicht des Bürgen/SG ist zu fragen, ob es ihm nach Treu und Glauben zugemutet werden kann, für eine abgeänderte Hauptverpflichtung einzustehen. Das Interesse des SN besteht regelmäßig darin, dass die Sicherheit ihm erhalten bleibt. Eine Novation darf wegen ihrer weit reichenden Folgen nur dann bejaht werden, wenn der Wille der Parteien, eine neue Schuld zu schaffen, eindeutig hervortritt. **Im Zweifel ist anzunehmen, dass keine Schuldumwandlung, sondern lediglich eine Schuldabänderung gewollt ist**. Die Grenze ist jedoch da erreicht, wo die Hauptschuld dem Inhalt nach so geändert wird, dass dies einer Novation gleich kommt.

Im Fall liegt es im Interesse des SN, auch weiterhin eine Sicherheit in Form der Bürgschaft zu haben, und dem SG/Bürgen ist es zumutbar, auch für die Darlehensschuld zu bürgen. Beim Vereinbarungsdarlehen ist i.d.R. eine **Schuldabänderung** anzunehmen.

hemmer-Methode: Der praktisch wichtigste Fall der Novation ist der durch Verrechnung ermittelte Saldo im Kontokorrentverhältnis. Werden zwischen zwei Parteien mehrere Geschäfte getätigt, können diese ihre Forderungen zunächst buchungsmäßig festhalten und sie nach bestimmten Zeitabschnitten verrechnen. Die nach Saldierung verbleibende Geldforderung steht dann der Partei zu, die eine insgesamt höhere Forderungssumme in das Kontokorrent eingestellt hat. In Höhe des festgestellten Saldos schließen die Parteien ein abstraktes Schuldanerkenntnis ab, § 781 BGB. In das Kontokorrent können auch mit einer Bürgschaft gesicherte Forderungen einfließen. Die Bürgschaften erlöschen jedoch in Folge der Novation und sichern nicht die Saldoforderung des SN. Ausnahme: In den Fällen des § 356 HGB bleibt dem Gläubiger trotz Schuldumwandlung die Sicherheit kraft Gesetzes erhalten (vgl. H/W, HandelsR, Rn. 274).

Gesetzlicher Forderungstausch des § 1164

Erlischt die durch eine Hypothek gesicherte Forderung, erlischt die Hypothek nicht, sondern der SG/Grundstückseigentümer erwirbt eine EGS kraft Gesetz, §§ 1163 I S. 2, 1177 I BGB. Eine Ausnahme gilt im Falle des gesetzlichen Forderungsaustausches nach § 1164 BGB. Obwohl die gesicherte Forderung durch Zahlung des persönlichen S erloschen ist, erwirbt der SG (der von S personenverschieden ist) im Fall des § 1164 BGB keine EGS, sondern das Grundpfandrecht sichert einen Ersatzanspruch des S gegen den SG.

Fall: S hat zur Sicherung eines Kredites des Gl dem Gl eine Hypothek an seinem Grundstück bestellt. Als er sein Grundstück an SG verkauft, wird vereinbart, dass SG in Anrechnung auf den Kaufpreis für das Grundstück die Kreditschuld des S übernehmen soll. Da Gl diese Vereinbarung nicht genehmigt, sieht sich S gezwungen, den Kredit selbst an Gl zurückzuzahlen.

S meint nun, dass SG nicht ungeschoren davonkommen darf und will sich aus dem Grundstück des SG befriedigen. Wie ist die Rechtslage?

Es könnte ein **Anspruch des S gegen SG gem. § 1147 BGB** auf Duldung der Zwangsvollstreckung bestehen. Dann müsste dem **S eine Hypothek am Grundstück des SG** zustehen. Dies wäre zu bejahen, **wenn ein Fall des § 1164 BGB vorläge**. Mit der Zahlung des S an Gl ist die hypothekarisch gesicherte Forderung erloschen. Grds. müsste sich dann die Hypothek in eine EGS umwandeln, §§ 1163 I S. 2, 1177 BGB.

Es gilt jedoch zu berücksichtigen, dass zwischen S und SG beim Verkauf des Grundstücks eine Schuldübernahme gem. §§ 415, 416 BGB vereinbart worden ist, die an der fehlenden, erforderlichen Genehmigung des Gl gem. § 415 II S. 1 BGB gescheitert ist. Damit war S im Verhältnis zu Gl immer noch zur Zurückzahlung des Kredits verpflichtet. **Die fehlgeschlagene Schuldübernahme bleibt jedoch im Verhältnis SG zu S gem. § 415 III S. 2 BGB im Zweifel als Erfüllungsübernahme bestehen. D.h., dass S gegen SG grds. einen Freistellungsanspruch hat** (er kann von SG also verlangen, dass dieser an Gl die Kreditsumme leistet), Gl kann jedoch nicht von SG Zahlung verlangen (wie es bei einer wirksamen Schuldübernahme der Fall gewesen wäre). Da S bereits selbst den Kredit an Gl zurückgezahlt hat, ist es **SG unmöglich** geworden**, S von dieser Verpflichtung freizustellen**. **Gem. §§ 280 I, III, 283, 329 BGB wandelt sich damit der Freistellungsanspruch des S gegen SG in einen Zahlungsanspruch um**.

Dieser Zahlungsanspruch tritt nun gem. § 1164 BGB an die Stelle der erloschenen, ursprünglich gesicherten Forderung, ohne dass es einer weiteren vertraglichen Vereinbarung zwischen S und SG bedarf. § 1164 BGB macht aus Billigkeitsgründen eine Ausnahme von § 1163 I S. 2 BGB. Wäre die Schuldübernahme wirksam gewesen, so wäre SG Schuldner der hypothekarisch gesicherten Darlehensforderung geworden. Bei der Erfüllungsübernahme ist er Schuldner des hypothekarisch gesicherten Ersatzanspruchs geworden, der dieselbe Höhe hat. Nur sein Gläubiger ist ein anderer.

Damit hat **S einen Anspruch** auf Duldung der Zwangsvollstreckung **aus § 1147 BGB**, wobei die Hypothek den Ersatzanspruch des S gegen SG sichert (vgl. dazu H/W, Sachen R III, Rn. 203).

hemmer-Methode: Die obige Fallkonstellation ist mit die wichtigste, die Ihnen in Verbindung mit § 1164 BGB begegnen wird. Sie sollten jedoch auch immer an § 1164 BGB denken, wenn der SG aus anderen Gründen im Innenverhältnis zu S verpflichtet ist, so z.B. wenn der SG nach außen nicht als Kreditnehmer in Erscheinung treten will und deshalb S „vorschickt“ und nur als SG in Erscheinung tritt, obwohl das Geld eigentlich ihm zukommt.

Eigentümerhypothek

Grds. entsteht mit Erlöschen der hypothokarisch gesicherten Forderung eine EGS gem. §§ 1163 I S. 2, 1177 I BGB. Dies gilt jedoch nicht, wenn der SG, der nicht gleichzeitig auch persönlicher Schuldner ist, den Gl befriedigt, §§ 1142, 1143 BGB.

SG bestellt dem Gl zur Sicherung einer Darlehensschuld des S i.H.v. 100.000 € gegenüber Gl eine Hypothek. Als Gl sich durch Verwertung des Grundstücks des SG befriedigen will, zahlt SG die 100.000 € an Gl. Später veräußert SG sein Grundstück an D.

SG glaubt Ansprüche gegen S und D zu haben.

1. Anspruch gem. § 1143 I i.V.m. § 488 I BGB gegen S.

Indem SG den Gl befriedigt hat, ist die **gesicherte Darlehensforderung durch die Legalzession des § 1143 I BGB von Gl auf SG übergegangen**. Der SG hat die hypothekarisch gesicherte Forderung „quasi gekauft“.

Vor der Veräußerung des Grundstücks an D war diese übergegangene Forderung durch eine Eigentümerhypothek am eigenen Grundstück gesichert, § 1177 II BGB. Das Grundpfandrecht ist nicht etwa eine EGS, denn dem SG steht auch noch die gesicherte Forderung zu, vgl. § 1177 I S. 1 BGB. Solange SG Eigentümer des Grundstückes blieb, bestimmten sich seine Rechte aus der Hypothek so, als wäre das Grundpfandrecht eine GS des Eigentümers, § 1177 II BGB.

2. Anspruch gem. § 1147 BGB gegen D.

Sollte SG keine Befriedigung von S erlangen können, könnte er seinen Anspruch auf Duldung der Zwangsvollstreckung in das Grundstück des D geltend machen. **Mit Veräußerung des mit der Eigentümerhypothek belasteten Grundstücks, wandelte sich die Eigentümerhypothek nämlich in eine Fremdhypothek um**. Der Anspruch des SG gegen S aus § 1143 I i.V.m. § 488 I BGB ist damit durch eine Hypothek am Grundstück des D gesichert.

Im Ergebnis behält SG die Forderung gegen S und das Verwertungsrecht am Grundstück.

hemmer-Methode: Beachten Sie, dass § 1143 I S. 2 BGB auf § 774 I BGB verweist. Dazu folgender Fall: Gl zahlt an S Kredit aus, der durch eine Hypothek am Grundstück des S gesichert ist. Als S das Grundstück an SG verkauft, vereinbaren sie, dass SG in Anrechnung auf den Kaufpreis die Schulden des S bei Gl übernehmen soll. Gl, der davon benachrichtigt wurde, will von diesen „Mätzchen“ nichts wissen. Nun zahlt aber SG im Hinblick auf seine Abmachung mit S an Gl (Unterschied zu Fallkonstellation auf KK 42).

Lösung: Damit erwirbt SG jedoch nicht gem. § 1143 I BGB den Zahlungsanspruch, den Gl gegen S gehabt hat. Denn im Innenverhältnis war er letztlich dazu verpflichtet, die Zahlung zu erbringen (Erfüllungsübernahme, § 415 III S. 2 BGB). Regress sollte er bei S nicht nehmen dürfen, weil die Zahlung an Gl ein Teil seiner Kaufpreisforderung sein sollte. Das Innenverhältnis wirkt sich über §§ 1143 I S. 2, 774 I S. 3 BGB auf die Legalzession aus.

Schuldbeitritt

Bei einem Schuldbeitritt haften S und SG als Gesamtschuldner gem. §§ 421 ff. BGB. Erfüllt einer der Gesamtschuldner, verliert der Gl auch seine Forderung gegen den anderen Gesamtschuldner, § 422 I BGB. Ob allerdings die gesicherte Forderung in Folge der Zahlung eines Gesamtschuldners gänzlich erlischt, hängt vom Innenverhältnis zwischen S und SG ab.

Fall: S schuldet Gl einen Kaufpreis i.H.v. 50.000 €. Zur Sicherung dieser Forderung tritt SG der Schuld des S bei. Damit haften S und SG gesamtschuldnerisch, im Innenverhältnis zwischen S und SG soll jedoch allein S verpflichtet sein.

1. **Nun vereinbaren S und Gl, dass S mit der Zahlung an Gl nicht erfüllen, sondern die Forderung des Gl gegen SG kaufen soll. Nachdem S an Gl gezahlt hat, verlangt S von SG die 50.000 €. Hat S einen Anspruch gegen SG?**
2. **SG zahlt an Gl. Hat er Ansprüche gegen S?**

1. Anspruch des S gegen SG aus § 433 II i.V.m. § 398 S. 2 BGB.

Dann müsste **Gl an S** den **Kaufpreisanspruch wirksam abgetreten** haben. Dabei müsste die Forderung gegen SG dem Gl aber noch zugestanden haben. Zwischen Gl und S wurde vereinbart, dass S die Forderung gegen SG kaufen soll. Grds. können auch Forderungen zum Gegenstand eines Kaufvertrages gemacht werden. **Dieser Forderungskauf könnte jedoch (evtl. auch gem. § 134 BGB) nichtig sein, wenn er eine Umgehung zwingender gesetzlicher Bestimmungen darstellen würde (vgl. KK 40). Hier wollten die Parteien die zwingenden Regelungen der §§ 422, 426 BGB umgehen.** Wenn ein Gesamtschuldner seine Schuld tilgt (und das wollte S ja mit seiner Leistung erreichen), so richtet es sich ausschließlich nach § 426 I, II BGB, ob er von dem anderen Gesamtschuldner etwas erlangen kann. Damit ist der **Kaufvertrag (gem. § 134 BGB) nichtig. S hat daher nicht die Forderung gegen SG gekauft, sondern auf seine Schuld geleistet, womit gem. § 422 I BGB diese Erfüllung auch zugunsten des SG gewirkt hat. Damit besteht keine Forderung des Gl gegen SG mehr**, die Gegenstand einer Abtretung sein könnte (einen gutgläubigen Forderungserwerb gibt es nicht, Ausnahme § 405 BGB). S hat keinen Anspruch gegen SG.

Auch denkbar wäre hier eine Nichtigkeit aus § 138 BGB wegen Kollusion von S und Gl zulasten SG.

2. Anspruch des SG gegen S aus § 426 II i.V.m. § 433 II BGB.

Da SG im Innenverhältnis zu S vollen Ausgleich verlangen kann, bleibt die gesicherte Forderung erhalten. Sie steht jedoch nicht mehr Gl zu, sondern geht gem. § 426 II BGB (Legalzession) auf den SG über. Die Legalzession des § 426 II BGB ist von der Ausgleichspflicht im Innenverhältnis der Gesamtschuldner abhängig. *Wäre SG dem S z.B. nur zur Hälfte zum Ausgleich verpflichtet, würde die gesicherte Forderung auch nur zur Hälfte gem. § 426 II BGB auf SG übergehen.*

Zudem besteht ein **Anspruch** i.H.v. 50.000 € **aus § 426 I BGB**, da S gegenüber zu SG allein verpflichtet ist.

hemmer-Methode: Beachten Sie: § 426 I BGB und § 426 II BGB sind zwei selbständige Anspruchsgrundlagen, die nebeneinander geltend gemacht werden können. Der Ausgleichsanspruch aus § 426 I BGB entsteht als selbständige Verpflichtung bereits mit der Begründung des Gesamtschuldverhältnisses, nicht erst wie § 426 II BGB mit der Befriedigung des Gläubigers. Seine Verjährung richtet sich nach §§ 195 ff. BGB, wohingegen der Anspruch aus § 426 II BGB der Verjährung des übergegangenen Anspruchs unterliegt. Auf § 426 II BGB finden über § 412 BGB die §§ 398 ff. BGB Anwendung, insbesondere § 401 BGB. Der Gesamtschuldner kann zwischen § 426 I BGB und § 426 II BGB wählen, kann die beiden Ansprüche jedoch nur gemeinsam abtreten.

Zahlung auf SiGS

Wird an einen Gl eine durch eine SiGS gesicherten Forderung gezahlt, ist für das Schicksal der Forderung von Bedeutung, ob auf die Forderung oder auf die GS geleistet wurde.

Fall: SG benötigt einen Kredit. Da er nicht als Kreditnehmer auftreten will, vereinbaren er und S, dass S bei Gl einen Kredit aufnehmen soll, für den SG als Sicherheit eine GS an seinem Grundstück bestellt. S schließt den Darlehensvertrag mit Gl ab und leitet das Geld an SG weiter. Später zahlt SG eine Summe in Höhe der Darlehensforderung an den Gl, erklärt dabei aber ausdrücklich, dass die Zahlung auf die GS erfolgt. Nun klagt Gl gegen SG auf Duldung der Zwangsvollstreckung in das Grundstück des SG. SG hingegen meint, wenn einer Ansprüche hätte, dann ja wohl er. SG stellt sich auf den Standpunkt, dass Kreditnehmer ja S sei und möchte nun sein Geld zurück.

1. Hat der Gl Ansprüche gegen SG auf Duldung der Zwangsvollstreckung?

2. Kann SG vom Gl die Abtretung der Forderung gegen S verlangen?

1. Gl hat keinen Anspruch aus §§ 1192 I, 1147 BGB, denn mit primärer Zahlung auf die GS, hat sich diese von einer **Fremd-GS in eine EGS umgewandelt**. Die **dogmatische Begründung** dieses Ergebnisses **ist strittig**:

- § 1163 I S. 2 BGB analog: Problematisch an dieser Konstruktion ist, dass § 1163 I BGB Ausdruck der Akzessorietät der Hypothek ist und damit auf die GS gerade nicht anwendbar ist.
- §§ 1168, 1170 BGB analog.
- §§ 1142, 1143 BGB analog.

Auch die beiden letztgenannten Lösungsvorschläge sind nicht zufrieden stellend, da keine der genannten Vorschriften genau passt. **Da jedoch alle drei Meinungen zum selben Ergebnis führen, kann die dogmatische Begründung des gewünschten Ergebnisses letztlich offen gelassen werden**.

Da er also die GS durch seine Zahlung zurückerwirbt, hat **SG gegen** den im GB eingetragenen **Gl** einen **GB-Berichtigungsanspruch aus § 894 BGB**, bei einer Brief-GS den **Anspruch auf Herausgabe des GS-Briefes gem. § 952 I, II i.V.m. § 985 BGB**.

2. SG könnte ein Anspruch gegen Gl auf Abtretung der Darlehensforderung gegen S aus dem Sicherungsvertrag zustehen. Allein mit der Zahlung auf die GS kann SG noch nicht die Darlehensforderung gegen S erwerben. Die **Vorschrift des § 1143 BGB ist auf die GS nicht anwendbar**. **Aus dem Sicherungsvertrag ergibt sich jedoch mit der Zahlung auf die GS ein Anspruch des SG gegen den Gl auf Abtretung der ursprünglich gesicherten Forderung.** Merken Sie sich als Stichwort: **Der SG „kauft quasi" die Forderung**. Dieses Recht folgt aus §§ 1192 I, 1142 BGB. **Die Pflicht zur Abtretung der Forderung besteht aber nur, wenn und soweit der S im Verhältnis zu SG zur Zahlung verpflichtet ist**. Bei der Hypothek wirkt sich das Innenverhältnis zwischen S und SG auf den gesetzlichen Forderungsübergang gem. §§ 1143 I S. 2, 774 I S. 3 BGB aus. Bei der GS wird dieser gesetzliche Forderungsübergang durch die Abtretungspflicht des Gl ersetzt. Die Pflicht zur Abtretung entfällt damit in dem Umfang, in dem letztlich der SG die Schuld zu tragen hat**. Da im Verhältnis zwischen S und SG schließlich SG den Kredit zurückzahlen soll, ist die Darlehensforderung mit der Zahlung durch SG bereits erloschen**. SG hat keinen Anspruch auf Forderungsabtretung gegen Gl (vgl. auch H/W, KreditsR, Rn. 195 ff.)

hemmer-Methode: Sind SG und S identisch, so entsteht das Problem unter (2.) nicht. Mit Tilgung der GS erlischt auch die Forderung.

Betrachten Sie nun die Rechtslage anhand der beiden folgenden Fälle, wenn auf die Forderung und nicht auf die GS geleistet wird.

1. **SG/S hat zur Sicherung eines Kredits, den er bei Gl aufgenommen hat, eine SiGS an seinem Grundstück bestellt. Nachdem er das Grundstück an D veräußert hat, der von der Belastung weiß, zahlt SG/S ausdrücklich auf die Forderung.**

D möchte die GS von Gl zurück haben.

2. **Konstellation wie im Fall auf KK 45: SG braucht einen Kredit und „schickt" S vor, der bei Gl ein Darlehen aufnimmt, das er an SG weiterleitet. Zur Sicherheit hat SG dem Gl eine SiGS an seinem Grundstück bestellt. Nachdem S das Darlehen an Gl gezahlt hat, möchte er die Summe von SG ersetzt bekommen.**

Als dieser zahlungsunfähig wird, möchte S sich aus dem Grundstück des SG befriedigen.

1. Fraglich ist woraus sich ein **Anspruch des D auf Rückgewähr der GS** ergeben könnte. Da D zur Zeit der GS-Bestellung nicht Eigentümer des Grundstücks war und damit nicht Partei des Sicherungsvertrages, kann ihm ein Anspruch auf Rückgewähr der GS **nur aus abgetretenem Recht** zustehen.

Zahlt der SG/S nur auf die Forderung, bleibt der Gl Inhaber der GS. Dem SG/S steht jedoch aus der Sicherungsabrede ein schuldrechtlicher Anspruch auf Rückgewähr der GS zu. Die GS fällt also nicht (wie bei einer Zahlung auf die GS direkt) mit dinglicher Wirkung an den SG zurück. Da damit der Gl weiterhin dinglicher Berechtigter ist, steht dem SG auch kein GB-Berichtigungsanspruch aus § 894 BGB zu, noch kann er bei einer Brief-GS gem. § 952 I, II i.V.m. § 985 BGB den GS-Brief herausverlangen. Es gibt **mehrere Möglichkeiten den Rückübertragungsanspruch des SG zu erfüllen**. Der SG darf zwischen ihnen wählen:

- Rückübertragung **gem. §§ 1192, 1154 BGB**, durch die eine EGS entsteht.
- Verzicht **gem. §§ 1192, 1168 BGB**, womit ebenfalls eine EGS entsteht.
- Aufhebung **gem. §§ 1192, 875, 1183 BGB**, durch die die GS erlischt.

Es muss eine Abtretung des Rückgewähranspruchs vorliegen. Eine solche ist auch stillschweigend möglich und ist i.d.R. anzunehmen, wenn der Erwerber des Grundstücks die Schuld in Anrechnung auf den Kaufpreis übernimmt. **Anhaltspunkte für eine Abtretung liegen hier nicht vor**. D hat keinen Anspruch auf Rückgewähr der GS.

2. Anspruch des S aus §§ 1192 I, 1147 BGB. Dann müsste S eine GS am Grundstück des SG besitzen:

- **§ 1164 BGB ist bei der GS unanwendbar**, da diese Vorschrift auf der Akzessorietät der Hypothek beruht.
- **War S Partei der Sicherungsabrede, kann er die Übertragung der GS vom Gl auf sich verlangen**. Schließlich ist SG dem S aus dem Innenverhältnis heraus zum Ersatz der Darlehenssumme verpflichtet.
- **Ansonsten kann S von dem ersatzpflichtigen SG die Abtretung seines Rückgewähranspruchs bzgl. der GS oder die Übertragung der GS selbst verlangen**. Dieser Anspruch folgt wiederum aus dem Innenverhältnis zwischen S und SG, aus dem sich die Ersatzpflicht des SG ergibt.

hemmer-Methode: Ziehen Sie zur Lösung der Problematiken, die sich bei einer SiGS stellen, auch die gesetzlichen Wertungen aus dem Hypothekenrecht heran. Über den Sicherungsvertrag oder andere schuldrechtliche Ansprüche wird dann meistens die rechtliche Lage geschaffen, die bei der Hypothek kraft Gesetzes eintritt.

Da die Rechtsfolgen unterschiedlich sind, müssen Sie genau unterscheiden, ob auf die GS oder die gesicherte Forderung geleistet wurde. Haben die Parteien nichts vereinbart, kommt es auf den Willen des Zahlenden an. Er kann eine Bestimmung nach § 366 BGB analog treffen. Banken vereinbaren häufig eine sog. Anrechnungsabrede: Die Darlehensrückzahlung erfolgt dann nur auf die persönliche Schuld. So bleibt der Bank die GS erhalten, bis der Kredit ganz zurückgezahlt worden ist und der SG seinen Rückgewähranspruch erheben kann.

1. **Zwischen SG/S und Gl wurde eine Anrechnungsabrede vereinbart. SG/S leistet nun ausdrücklich auf die GS. Wie ist die Rechtslage?**
2. **Es wurde zwischen SG/S und Gl keine Vereinbarung getroffen, ob auf die GS oder die persönliche Schuld geleistet werden soll. Als SG zahlt, trifft er auch keine dahin gehende Bestimmung. Was gilt dann?**
3. **SG/S hat auf die Forderung geleistet. Kann Gl aus der GS vorgehen?**

1. SG/S hat auf die GS geleistet, es entstand damit eine EGS. **Der Wille des Zahlenden geht einer vorhandenen Anrechnungsabrede vor, es sei denn, der Gl**, mit dem die Anrechnungsabrede getroffen worden ist, **widerspricht.** Dies ist hier nicht der Fall. Der Wille des Zahlenden ist also auch bei einer getroffenen Vereinbarung zu berücksichtigen.

Beachte: *Auch nachdem bereits auf die Forderung gezahlt worden ist, können Gl und Zahlender nachträglich vereinbaren, dass die Zahlung auch auf die GS erfolgt sein sollte, die mit dieser Vereinbarung EGS wird.*

2. Ob SG/S auf die GS oder die persönliche Schuld geleistet hat, ist durch Auslegung unter Berücksichtigung der jeweiligen Interessenlagen von S, SG und Gl zu ermitteln:

- Zahlt der alleinige persönliche S, so wird er auf die Forderung leisten wollen.
- Zahlt der alleinige SG, so wird er damit i.d.R. die GS zurückerhalten und damit auf die GS leisten wollen.
- Stehen Gl und S/SG in dauernden Geschäftsbeziehungen, so kann der Gl ein Interesse daran haben, dass nur auf die Forderung gezahlt wird, damit er die GS behält und sie ihm als Sicherungsmittel für spätere Forderungen gegen S/SG erhalten bleibt.
- Bei Ratenzahlung wird im Zweifel auf die Forderung gezahlt werden.
- Bei Fälligkeit der GS wird im Zweifel auf die GS geleistet worden sein.
- Sind S und SG identisch (so hier im Fall) und zahlt er den vollen Betrag zurück, so wird er mangels anderer Anhaltspunkte Forderung und GS tilgen wollen. Eine a.A. geht davon aus, dass nur auf die GS gezahlt werden soll. Dann erlischt bei Identität von SG und S die Forderung aber ohnehin.

3. Dem Gl steht nach wie vor das Verwertungsrecht aus der GS zu, denn die GS ist ja nicht automatisch SG wieder zugefallen. Allerdings kann SG gegen den Anspruch aus §§ 1192 I, 1147 BGB die **Einrede des Erlöschens der Forderung geltend machen, die sich aus dem Sicherungsvertrag ergibt,** der die GS mit der nunmehr untergegangenen Forderung verknüpft hat. Der Gl kann also die GS nur i.R.d. gesicherten Forderung geltend machen.

Achtung: *§ 1137 BGB findet auf die GS keine Anwendung!!!*

hemmer-Methode: Siehe zum Ganzen nochmals H/W, KreditsR, Rn. 195 ff. oder SachenR III, Rn. 235 ff.

Erlischt die durch eine SicherungsÜ oder SiZession gesicherte Forderung, ist problematisch, wie sich dies auf das Sicherungsmittel auswirkt. Die Folgen hängen dabei davon ab, wie der Sicherungsvertrag ausgestaltet worden ist. Das Erlöschen kann zum einen als auflösende Bedingung der SicherungsÜ oder SiZession im Sicherungsvertrag vereinbart worden sein, gem. § 158 II BGB. Mit Erlöschen der Forderung fällt damit das Eigentum oder die Forderung automatisch wieder dem SG zu. Oder der SN/Gl hat sich im Sicherungsvertrag lediglich dazu verpflichtet, bei Untergang der gesicherten Forderung das Eigentum oder die Forderung wieder zurückzuübertragen. In diesem Fall steht dem SG lediglich ein schuldrechtlicher Rückübertragungsanspruch zu, das Sicherungsmittel fällt ihm nicht automatisch mit Erlöschen der Forderung wieder zu.

Was gilt, wenn die Parteien keine ausdrückliche Vereinbarung im Sicherungsvertrag für den Fall getroffen haben, dass die Forderung erlischt?

Fehlt eine ausdrückliche Vereinbarung, muss durch **Auslegung des Sicherungsvertrages** der Parteiwille ermittelt werden. **Ist dies nicht möglich, ist umstritten, welche der genannten** Alternativen (auflösende Bedingung/Rückübertragungsanspruch) **im Zweifel den Vorrang haben soll**. Im Einzelnen werden dazu folgende Ansichten vertreten:

- **Im Zweifel auflösende Bedingung:** Eine Ansicht stellt darauf ab, dass der Gl nach der Rückzahlung des Kredites **i.d.R. kein schutzwürdiges Interesse mehr an der Aufrechterhaltung der Sicherheit** hat. Weiterhin wird eine **Parallele zum EV** gezogen. Dort wird auch ein Zahlungsanspruch durch das Eigentum an einer beweglichen Sache geschützt. In § 449 BGB wird dabei der Eigentumserwerb ausdrücklich an eine Bedingung geknüpft.

- **Im Zweifel ausdrückliche Rückübertragung erforderlich:** Eine andere Meinung stellt darauf ab, dass es sich bei **SicherungsÜ und SiZession um nicht-akzessorische Sicherungsmittel** handelt, die gerade von der zu sichernden Forderung unabhängig sind. **Die Verknüpfung von Sicherungsmittel und Forderung** über eine auflösende Bedingung **würde aber zu einer begrenzten Akzessorietät führen**, die einer ausdrücklichen Vereinbarung bedarf.

- **Der BGH schließt sich der zuletzt dargestellten Meinung mit folgenden Argumenten an:**

In der **Formularpraxis der Banken** überwiegt die unbedingte Übertragung mit Rückübereignungspflicht. Die auflösend bedingte Übereignung wäre damit als Ausnahme ausdrücklich zu vereinbaren.

Es dient der Rechtsklarheit, wenn die Eigentumslage nicht von dem (häufig umstrittenen) Erlöschen einer Forderung abhängt, sondern von einem klaren Willensakt der Parteien (ausführlicher H/W, KreditsR, Rn. 208 ff.).

hemmer-Methode: Achtung: Eine Rückübereignungspflicht aus § 812 I S. 2, 1.Alt. BGB ergibt sich nur, wenn der Sicherungsvertrag nichtig ist (z.B. weil der Kreditvertrag wegen Wuchers nichtig ist und gem. § 139 BGB davon der Sicherungsvertrag erfasst wird) und deshalb auf ihn kein Rückübertragungsanspruch gestützt werden kann. Ansonsten folgt der Rückübertragungsanspruch immer aus dem Sicherungsvertrag!

Abschließend sei noch die Rechtslage beim EV dargestellt, wenn die Kaufpreisforderung, die durch den EV gesichert ist, erlischt.

1. Zahlt der Vorbehaltskäufer den Kaufpreis, geht i.d.R. das Vorbehaltseigentum des Verkäufers unter, und das AnwartschaftsR des Käufers am Kaufgegenstand erstarkt zum Vollrecht.

2. Erlischt die Kaufpreisforderung aus anderen Gründen, z.B. weil der Kaufvertrag angefochten worden ist, kann die Bedingung, unter der der Eigentumserwerb des Käufers steht, nicht mehr eintreten. Das AnwartschaftsR des Käufers geht unter, und der Verkäufer erlangt wieder uneingeschränktes Volleigentum am Kaufgegenstand.

Fassen Sie die Ergebnisse des letzten Kapitels stichpunktartig zusammen!

1. Bürgschaft: Mit der gesicherten Forderung erlischt auch die Bürgenschuld, § 767 I S. 1 BGB.

2. Hypothek: Erlischt die gesicherte Forderung, entsteht grds. eine EGS, §§ 1163 I S. 2, 1177 I BGB. Ausnahmen:

- Der SG (= Eigentümer) und S sind nicht identisch, und SG befriedigt den Gl: Es entsteht eine Eigentümerhypothek, §§ 1143 I, 1177 II BGB.
- Der Fall des gesetzlichen Forderungswechsels des § 1164 BGB.

3. Schuldbeitritt: Zahlt einer der Gesamtschuldner, hat der Gl auch keinen Anspruch mehr gegen den anderen Gesamtschuldner, § 422 I S. 1 BGB. Die gesicherte Forderung kann jedoch (evtl. nur teilweise) gem. § 426 II BGB auf den zahlenden Schuldner kraft Gesetzes übergehen.

4. SiGS: SG/S zahlt auf die Forderung: Die Forderung erlischt gem. § 362 I BGB. SN bleibt Inhaber der GS, SG steht aber aus dem Sicherungsvertrag ein Anspruch gegen SN auf Rückgewähr der GS zu.

SG/S zahlt auf die GS: Die GS wandelt sich in eine EGS um. Sind SG und S identisch, erlischt dann auch die gesicherte Forderung. Sind SG und S personenverschieden, hat der zahlende SG einen Anspruch gegen Gl aus dem Sicherungsvertrag auf Abtretung der Forderung, soweit S im Verhältnis zu SG zur Zahlung verpflichtet ist.

5. SicherungsÜ/SiZession: Ist das Erlöschen der Forderung zur auflösenden Bedingung, § 158 II BGB, der Sicherungsübereignung/-abtretung gemacht worden, fällt mit Untergang der Forderung das Sicherungsmittel automatisch wieder dem SG zu. Ansonsten hat der SG einen schuldrechtlichen Anspruch auf Rückübertragung des Sicherungsmittels aus dem Sicherungsvertrag.

6. EV: Zahlt der Käufer auf die Kaufpreisforderung, erlangt er Volleigentum. Geht die Forderung anderweitig unter, kann die Bedingung des § 449 BGB nicht mehr eintreten, und der Verkäufer erlangt wieder uneingeschränktes Volleigentum.

hemmer-Methode: Zur Vertiefung: H/W, KreditsR, Rn. 181-217.

Der SG/S kann gegen eine Verwertung des Sicherungsmittels Einreden aus dem Sicherungsvertrag geltend machen, aber unter Umständen auch Einreden aus dem forderungsbegründenden Schuldverhältnis (= schuldnerbezogene Einreden). So kann z.B. der Bürge die Einreden des S gegen die Forderung gem. § 768 I S. 1 BGB als Einreden gegen seine Bürgenverpflichtung geltend machen.

Gl, der Kaufmann ist, hat eine Kaufpreisforderung gegen S vom 10.12.2012, für die sich SG am 07.01.2013 verbürgt hat. Allerdings macht Gl die Kaufpreisforderung erst 2016 gerichtlich geltend. Zum Termin erscheint S nicht. Das Gericht erlässt ein VU gegen S, in dem der Anspruch des Gl festgestellt wird. Der Titel ist für Gl jedoch wertlos, da S vermögenslos ist. Deshalb verklagt er noch in 2016 den Bürgen SG.

Kann sich SG im Prozess auf Verjährung berufen?

Gl hat einen **Anspruch gem. § 765 I i.V.m. § 433 II BGB**. Dieser ist jedoch nicht durchsetzbar, wenn SG die Einrede der Verjährung zusteht.

Die Kaufpreisforderung des Gl verjährte gem. §§ 195, 199 BGB nach drei Jahren. **Gem. § 768 I S. 1 BGB kann der Bürge die dem Hauptschuldner gegen die Forderung zustehenden Einreden auch gegen seine Bürgenschuld geltend machen**. Damit kann SG die Einrede der Verjährung erheben.

Beachten Sie aber: *Die Bürgenschuld an sich ist nicht verjährt, für sie gilt das Fristende der §§ 195, 199 BGB; Ende 2016. Da der Bürge aber die Verjährung der gesicherten Forderung auch seiner Bürgenverpflichtung entgegenhalten kann, wirkt sich das so aus, als sei die Bürgschaft selbst verjährt. § 216 BGB gilt bei der Bürgschaft nicht.*

Problematisch könnte jedoch sein, dass S im Prozess säumig war und in „seinem" Prozess die Einrede der Verjährung nicht erhoben hat. Im VU gegen S fand nur das tatsächliche mündliche Vorbringen des Gl Eingang, § 331 II, I S. 1 ZPO. **Fraglich ist also, ob SG überhaupt die Einrede noch geltend machen darf, wenn der S sie in „seinem" Prozess nicht erhebt. Gem. § 768 II BGB verliert der Bürge eine Einrede nicht dadurch, dass der Hauptschuldner auf sie verzichtet.** Indem S im Termin „seines" Prozesses säumig ist, verzichtet er zwar nicht auf diese Einrede, **das Nichtausüben des Gegenrechts wirkt sich jedoch wie ein faktischer Verzicht aus, den der Bürge gem. § 768 II BGB nicht gegen sich gelten lassen muss.**

Im Ergebnis kann sich SG im Prozess auf die Verjährung berufen, der Anspruch des Gl aus § 765 I i.V.m. § 433 II BGB ist nicht durchsetzbar.

hemmer-Methode: Es gibt jedoch auch Fälle, in denen die Hauptschuld beschränkt wird, sich der Bürge jedoch auf diese Beschränkung nicht berufen kann, sondern im ursprünglichen Umfang der gesicherten Forderung einstehen muss. Dies rechtfertigt sich damit, dass der Bürge sich dann nicht auf eine Beschränkung berufen darf, wenn sich gerade das typische Bürgenrisiko zu verwirklichen droht. Die wichtigsten Konstellationen sind § 768 I S. 2 BGB, § 254 II InsO.

§ 770 BGB

Häufig können S und/oder Gl im forderungsbegründenden Schuldverhältnis anfechten oder aufrechnen. Werden diese GestaltungsRe von ihnen erst ausgeübt, nachdem der Bürge in Anspruch genommen worden ist, hat dieser rechtsgrundlos geleistet. Er hat dann einen Anspruch aus ungerechtfertigter Bereicherung gegen den Hauptschuldner, trägt aber auch das Risiko, dass dieser nicht durchsetzbar ist. Um den Bürgen vor einer solchen Situation zu schützen, gibt § 770 BGB ihm die Möglichkeit, solange wie das GestaltungsR besteht, seiner Bürgenverpflichtung eine Einrede entgegenzuhalten.

Gl hat eine Kaufpreisforderung i.H.v. 10.000 € gegen S, für die sich SG verbürgt hat. S wiederum hat noch einen Anspruch gegen Gl aus einer vorsätzlich begangenen unerlaubten Handlung gem. § 823 I BGB in gleicher Höhe. Da S nicht liquide ist, will Gl die 10.000 € von SG. Der möchte nicht zahlen, da er befürchtet, dass nach seiner Zahlung noch aufgerechnet wird.

Muss SG zahlen?

Der Anspruch des Gl gegen SG könnte sich aus § 765 I i.V.m. § 433 II BGB ergeben. Fraglich ist, ob SG dem Anspruch die Einrede der Aufrechenbarkeit aus § 770 II BGB entgegenhalten kann.

Im Fall hat nur S die Möglichkeit der Aufrechnung, denn einer Aufrechnung des Gl gegen die Forderung des S steht das Verbot aus § 393 BGB entgegen. **§ 770 II BGB regelt jedoch dem Wortlaut nach nur den Fall, dass der Gl aufrechnen kann. Strittig ist, ob dem Bürgen auch ein Leistungsverweigerungsrecht zusteht, wenn nicht der Gl aufrechnen kann, sondern nur der Schuldner. Dies richtet sich dann nach § 770 I (!) BGB analog**:

Eine **Ansicht verneint** dies mit Hinweis auf den **Wortlaut des § 770 II BGB**.

Die **andere Auffassung gibt dem Bürgen immer die Aufrechnungseinrede**, gleichgültig, ob S oder Gl, oder beide aufrechnen können. Dies lässt sich mit dem **Sinn und Zweck des § 770 BGB** begründen. Der Bürge, der häufig uneigennützig die Bürgschaftsverpflichtung eingegangen ist, soll davor geschützt werden, in Anspruch genommen zu werden, solange noch nicht sicher ist, ob die Hauptverbindlichkeit nicht erlischt. Das regelt Abs. 1 ausdrücklich für jeden Fall, egal, ob S oder Gl anfechten kann. **§ 770 BGB will im Ergebnis verhindern, dass der Bürge zahlen muss, obwohl die Gefahr besteht, dass er seine Leistung später über §§ 812 ff. BGB zurückfordern muss**. Zwar geht gem. § 774 I BGB die gesicherte Forderung mit Leistung des Bürgen auf ihn über. Dies hindert S jedoch nicht gem. §§ 412, 406 BGB gegenüber SG mit der Forderung gegen Gl aufzurechnen. Da die Aufrechnung ex tunc wirkt, § 389 BGB, würde im Falle einer Aufrechnung damit die gesicherte Forderung ex tunc wegfallen. Damit bestünde auch die Bürgenverpflichtung nicht mehr, § 767 I BGB, der Bürge würde rechtsgrundlos leisten.

Der zweiten Auffassung ist demnach zu folgen, SG hat die Einrede der Aufrechenbarkeit aus § 770 II BGB.

hemmer-Methode: Teilweise wird die Auffassung vertreten, dass der Bürge die Einrede der Aufrechenbarkeit auch nicht erheben kann, wenn nur dem Gl die Aufrechnung zusteht, nicht aber dem S. Begründet wird dies mit der Akzessorietät der Bürgschaft. Der Umfang der Haftung des Bürgen richtet sich nach der Haftung des S. Kann der S aufrechnen, so soll der Bürge, dem selbst die Ausübung dieses GestaltungsR nicht zusteht, wenigstens die Einrede der Aufrechnung geltend machen können. Habe der S aber keine Aufrechnungsmöglichkeit, dann habe der Bürge auch keine solche Einrede. Diese Meinung widerspricht jedoch zum einen dem Wortlaut des § 770 II BGB. Zum anderen besteht für den Gl kein Bedürfnis, den Bürgen in Anspruch zu nehmen, wenn er sich direkt durch Aufrechnung gegenüber dem S befriedigen kann. Damit ist es sachgerecht, auch in diesem Fall dem schutzwürdigen Bürgen ein LeistungsverweigerungsR zuzugestehen.

Lösen Sie zum besseren Verständnis des § 770 BGB folgende zwei Fälle.

SG hat sich für die Kaufpreisschuld des S bei Gl verbürgt.

1. **Gl hat bei Abschluss des KV den S über eine Eigenschaft der Ware arglistig getäuscht, was dieser sofort erkannte. S verzichtete Gl gegenüber jedoch ausdrücklich auf sein Anfechtungsrecht. Zwei Jahre nach KV-Abschluss möchte Gl sein Geld. Da S nicht liquide ist, will Gl sich an SG halten. Der jedoch verweigert jede Leistung mit dem Hinweis, dass der Vertrag schließlich anfechtbar sei.**

2. **Die Ware, die Gl dem S geliefert hat, ist mangelhaft. S hat dies dem Gl gegenüber nach Lieferung auch sofort gerügt, ansonsten jedoch keine Schritte unternommen. Als Gl den SG nach drei Jahren in Anspruch nehmen will, wendet dieser ein, dass er nicht zahlen muss, da S ja zurücktreten oder mindern konnte.**

Muss SG zahlen?

1. Einen Anspruch des Gl gegen SG könnte sich aus § 765 I i.V.m. § 433 II BGB ergeben. Fraglich ist, ob SG die Einrede der Anfechtbarkeit aus § 770 I BGB zusteht. **Grds. kann der Bürge die Leistung gem. § 770 I BGB so lange verweigern, wie dem Hauptschuldner das Recht zusteht, das seiner Verbindlichkeit zugrunde liegende Rechtsgeschäft anzufechten.** Hier steht S zwar ein **Anfechtungsgrund aus § 123 I BGB** zu, allerdings ist die **Anfechtungsfrist des § 124 I BGB bereits abgelaufen.** Damit kann S nicht mehr anfechten. Allein **schon aus diesem Grunde steht SG die Einrede aus § 770 I BGB nicht mehr zu**. **Selbst wenn jedoch das Anfechtungsrecht noch nicht verjährt wäre, könnte sich SG nicht auf § 770 I BGB berufen, da S auf sein Anfechtungsrecht ja gegenüber Gl verzichtet hat.**

§ 768 II BGB findet in diesem Falle keine Anwendung, da S hier nicht auf eine Einrede verzichtet hat, sondern auf ein Gestaltungsrecht. Die Vorschrift kann auch nicht analog angewendet werden, denn es ist alleine Sache des S, ob er das Rechtsgeschäft anfechten will oder es bestehen lassen will. Damit wirkt ein Verzicht des S auf sein Anfechtungsrecht auch zuungunsten des SG. SG kann gegen den Anspruch des Gl keine Einreden geltend machen.

2. Der Gl hat gegen den SG möglicherweise einen Anspruch gem. § 765 I i.V.m. § 433 II BGB. SG könnte aber ein LeistungsverweigerungsR gem. § 770 I BGB analog zustehen. Zwar nennt § 770 I BGB nur die Anfechtung; **§ 770 I BGB ist aber auch auf andere GestaltungsR des Hauptschuldners**, **insbesondere das MinderungsR, vertragliche und gesetzliche RücktrittsR**, **analog anwendbar**. Zwar ist die Ware im Fall mangelhaft, das **RücktrittsR des S** ist jedoch **gem. §§ 437 Nr.2, 438 IV, V, 195 BGB bereits verjährt**. Damit kann auch SG nicht mehr die Einrede aus § 770 I BGB analog erheben.

Allerdings hat S den Mangel unverzüglich gegenüber Gl gerügt. Damit steht **S** gegen ein Zahlungsbegehren des Gl die **Einrede aus § 438 IV S. 2 BGB** zu. **Diese Einrede kann SG über § 768 I S. 1 BGB geltend machen**.

hemmer-Methode: Solange der Hauptschuldner noch mindern kann, braucht auch der Bürge nur für die geminderte Schuld einstehen. Da sich die Minderung inzwischen auf den Bestand des Rechtsgeschäfts auswirkt, das der gesicherten Forderung zugrunde liegt, ist die Minderungseinrede rechtsgestaltend und verschafft damit dem Bürgen eine Einrede gem. § 770 I BGB. Der Bürge kann die Minderungseinrede nach Verjährung jedoch gem. § 768 I S. 1 i.V.m. § 438 V, IV S. 2 BGB geltend machen.

Rechtskrafterstreckung

Ergeht im Verhältnis Gl und S ein Urteil, kann dieses Auswirkungen im Verhältnis Gl - Bürge zeigen. Das Stichwort für diese Problematik ist die Rechtskrafterstreckung.

SG hat sich für die Kaufpreisschuld des S gegenüber Gl verbürgt.

1. **Gl hat gegen S wegen der Kaufpreisforderung geklagt und wurde rechtskräftig abgewiesen. Nun versucht Gl sein Glück erneut und verklagt SG.**
2. **Gl ist mit seiner Klage gegen S erfolgreich gewesen. Er verklagt danach auch noch SG. Dieser meint, die Hauptverbindlichkeit bestehe gar nicht.**
3. **Gl hat diesmal zunächst SG verklagt und wurde mit der Klage abgewiesen (Abwandlung: der Klage wurde stattgegeben). Danach verklagt er noch S.**

Wie wird das Gericht entscheiden?

1. Das Gericht wird die Klage des Gl als unbegründet zurückweisen.
Es liegt ein **Fall der Rechtskrafterstreckung** für einen Dritten (der nicht Prozesspartei war) wegen materiell-rechtlicher Abhängigkeit vor. Die Haftung des Bürgen hängt völlig von derjenigen des Hauptschuldners ab. Ist jedoch in einem Prozess zwischen Hauptschuldner und Gl der Anspruch des Gl rechtskräftig zurückgewiesen worden, haftet der Hauptschuldner nicht. Deshalb darf auch der Bürge nicht zur Leistung verurteilt werden. Die Rechtskraft der Klageabweisung gegen S wirkt somit auch für den Bürgen im Verhältnis zum Gl. *Die Rechtskrafterstreckung ist vom Gericht von Amts wegen zu berücksichtigen*, also auch wenn der Bürge sich im Prozess nicht darauf beruft, sog. Rechtskrafterstreckung auf einen Dritten wegen materiellrechtlicher Abhängigkeit.

2. Das Gericht wird ohne Berücksichtigung des Urteils zwischen Gl und S urteilen.
Die Verurteilung des S wirkt nicht zu Lasten des Bürgen. Wird dieser vom Gl erneut verklagt, kann der Bürge einwenden, die Hauptforderung bestünde nicht (mehr), und damit im Prozess gegen den Gl durchdringen**. Die Verurteilung des S hat keine Rechtskraftwirkung gegen den Bürgen, §§ 322, 325 ZPO**.

3. Das Urteil zwischen Bürgen und Gl hat keine Rechtskraftwirkung im Verhältnis des Gl zum S.
Schließlich hängt die Bürgenschuld ja von der Hauptschuld des S ab und nicht umgekehrt. Wurde Gl mit seiner Klage gegen SG abgewiesen, so kann S trotzdem zur Zahlung verurteilt werden. War Gl mit seiner Klage gegen SG erfolgreich, kann die Klage des Gl gegen S trotzdem abgewiesen werden.

***Merken Sie sich**: Nimmt der Gl den Bürgen vor dem S in Anspruch, hat der Bürge die **Einrede der Vorausklage** (**§ 771 BGB**), die er im Prozess geltend machen muss. Eine Verurteilung des Bürgen vor dem Gl ist möglich, wenn der Bürge § 771 BGB nicht geltend macht oder die Einrede der Vorausklage nach § 773 I BGB ausgeschlossen ist (§ 773 I Nr.1 BGB: selbstschuldnerische Bürgschaft).*

hemmer-Methode: Eine Ausnahme gilt bei der Prozessbürgschaft. Nach ihrem Sinn und Zweck muss gerade ein Fall von Rechtskrafterstreckung vorliegen, wenn die Klage des Gl gegen den Hauptschuldner erfolgreich war. Der Bürge übernimmt hier die Verpflichtung, die Rechtskraft im Urteil des Gl gegen S gegen sich gelten zu lassen (siehe dazu H/W, KreditsR, Rn. 228).

Hypothek/Pfandrecht

Bei der Hypothek kann der SG dem Gl/SN über § 1137 BGB, beim Pfandrecht über § 1211 BGB die dem S gegen die gesicherte Forderung zustehenden Einreden (= schuldnerbezogene Einreden) entgegenhalten, sowie die nach § 770 BGB einem Bürgen zustehenden Einreden. Denn sowohl § 1137 BGB als auch § 1211 BGB verweisen auf § 770 BGB.

S schuldet ihrem Schönheitschirurgen Gl aus mehreren verjüngenden Eingriffen 100.000 €. Der liebende Gatte SG hat Gl zur Sicherung dieser Forderung eine Hypothek an seinem Grundstück bestellt. Drei Jahre nach der letzten Operation bemerkt Gl, dass S noch gar nicht für ihr neues Gesicht bezahlt hat. Da S jedoch kein Geld hat, will Gl nun aus der Hypothek gegen SG vorgehen. SG wendet ein, dass die ganze Sache ja schon drei Jahre her sei und Gl schon eher Zahlung hätte verlangen müssen.

Hat Gl einen Anspruch gegen SG?

Der Anspruch des Gl gegen SG ergibt sich möglicherweise aus § 1147 BGB. Fraglich ist aber, ob der SG dem Gl über § 1137 I BGB eine schuldnerbezogene Einrede entgegenhalten kann (vgl. dazu SachenR III, Rn. 187).

Gem. § 195 BGB ist die **Forderung des Gl** gegen S bereits **verjährt**. **S steht damit gegenüber Gl die Einrede der Verjährung** zu. **Grds. kann der Eigentümer eines mit einer Hypothek belasteten Grundstücks gegen den Gl die forderungsbezogenen Einreden über § 1137 I BGB geltend machen**.

Allerdings sind wie bei der Bürgschaft auch bei der Hypothek **Ausnahmen** zu berücksichtigen:

- **Die beschränkte Erbenhaftung, § 1137 I S. 2 BGB.**
- **Die Verringerung der Haftung des persönlichen Schuldners durch einen Insolvenzplan, § 254 II InsO.**
- **Die Verjährung der gesicherten Forderung, § 216 I BGB.**

Im Fall ist die Beschränkung des **§ 216 BGB** zu beachten. Damit kann SG nicht die Verjährungseinrede geltend machen, Gl hat einen Anspruch auf Duldung der Zwangsvollstreckung aus § 1147 BGB gegen SG.

Beachte: *Steht der Geltendmachung der Hypothek eine dauernde Einrede entgegen (z.B. § 821, § 853 BGB), dann kann der Eigentümer des belasteten Grundstücks verlangen, dass der Gl auf die Hypothek verzichtet, § 1169 BGB, unabhängig davon, ob sich diese Einrede aus dem Sicherungsvertrag zwischen Gl und SG ergibt oder ob der Eigentümer eine forderungsbezogene Einrede über § 1137 I BGB geltend macht.*

hemmer-Methode: Wenn der Gl einen Anspruch auf Duldung der Zwangsvollstreckung gem. § 1147 BGB hat, hat er nicht automatisch einen vollstreckbaren Titel gegen den Eigentümer des hypothekarisch belasteten Grundstücks. Weigert sich dieser, sein Grundstück zur Verwertung zur Verfügung zu stellen, muss sich der Gl, um sich zwangsweise aus dem Grundstück befriedigen zu können, einen vollstreckbaren Titel verschaffen. Dies erfolgt z.B. dadurch, dass er ein Urteil erstreitet, in dem der Eigentümer des Grundstücks zur Duldung der Zwangsvollstreckung verurteilt wird. Geht der Gl dann aus diesem Titel vor, kann der SG auch i.R.d. Vollstreckungsgegenklage, § 767 ZPO, forderungsbezogene Einreden geltend machen. Häufig wird der SG/Eigentümer sich der sofortigen Vollstreckung unterworfen haben und der Gl damit bereits einen vollstreckbaren Titel gem. § 794 I Nr.5 ZPO in Händen halten. Geht der Gl aus diesem vor, hat der SG die Möglichkeit der Vollstreckungsgegenklage über §§ 795, 767 ZPO (hierzu H/W, ZPO II Rn. 234 ff.).

Sie haben gerade auf KK 54 § 216 BGB näher kennen gelernt (und hoffentlich auch gelesen!). Lösen Sie zum besseren Verständnis den nachfolgenden Fall!

Autohändler SG verkauft einen Lkw unter EV an Fabrikant S, den dieser für seinen Betrieb braucht. Die Zahlung soll in Raten erfolgen. S hat jedoch keine einzige Rate gezahlt. Sechs Jahre nach Abschluss des KV stößt SG bei einer Inventur zufällig auf die Unterlagen dieses Vorganges und bemerkt die noch offene Kaufpreisforderung. Nun verlangt er von S die restliche Zahlung. Als sich S auf Verjährung beruft, verlangt SG die Rückgabe des Lkw, da er ja schließlich noch Eigentümer sei. S erklärt, er berufe sich auch im Hinblick auf einen möglichen Eigentumsanspruch auf Verjährung.

Kann SG den Lkw von S herausverlangen?

Der **Herausgabeanspruch des SG** könnte sich aus **§ 985 I BGB** ergeben, wenn SG immer noch Eigentümer des Lkw ist. Die Übereignung des Lkw erfolgte unter der aufschiebenden Bedingung der vollständigen Bezahlung des Kaufpreises. Bis dahin hat S allenfalls ein Anwartschaftsrecht erlangt, das noch nicht zum Vollrecht erstarkt ist, da die Bedingung vollständiger Kaufpreiszahlung noch nicht eingetreten ist. SG hat sein Eigentum nicht verloren.

Fraglich ist, ob hieran die Tatsache etwas ändert, dass der Kaufpreisanspruch gem. §§ 195, 199 BGB bereits verjährt ist**. Die Verjährung kann** allerdings **nicht als Bedingungseintritt behandelt werden**. **Sie gibt dem S nur ein Leistungsverweigerungsrecht** und kann deshalb nicht als Bedingungseintritt gewertet werden.

Möglicherweise hat S jedoch ein Besitzrecht. Er könnte ein **Besitzrecht aus seinem Anwartschaftsrecht** haben. Die Frage, ob ein Anwartschaftsrecht überhaupt ein Besitzrecht gewährt (SachenR II, Rn. 164 ff.), kann dahinstehen, da auch bei Bejahung dieser Frage im konkreten Fall ein solches nicht mehr gegeben wäre. S weigert sich nämlich endgültig durch die Berufung auf die Verjährung, die Bedingung eintreten zu lassen. Er verhindert damit endgültig die Erstarkung zum Vollrecht, womit auch das Anwartschaftsrecht obsolet geworden ist.

Ein Besitzrecht gem. § 986 I BGB ergibt sich aber aus dem KV zwischen SG und S.

Fraglich ist, ob dieses Besitzrecht auf irgendeine Weise wieder weggefallen ist. Zunächst ist zu überlegen, ob das Besitzrecht des S nicht **aufgrund eines Rücktritts des SG** entfallen ist. Die Erklärung des SG, er wolle sein Eigentum wieder zurück, könnte wohl als Rücktrittserklärung ausgelegt werden. Als Rücktrittsgrund käme die Nichtleistung des S **gem. §§ 449 II, 323 I BGB** in Frage. **Ungeschriebene Voraussetzung des § 323 I BGB ist jedoch die Nichtexistenz einer Einrede des Schuldners. Hier besteht die Einrede der Verjährung, § 214 I BGB. Demnach wäre der Rücktritt eigentlich ausgeschlossen** (H/W, SchuldR I, Rn. 139 ff.). Das Besitzrecht bleibt also zunächst bestehen.

hemmer-Methode: Das Besitzrecht könnte jedoch aus einem weiteren Grund weggefallen sein. Die Ausführungen dazu finden Sie auf der nächsten Karte.

Fortsetzung des Falles von KK 55.

Wie könnte das Recht zum Besitz entfallen sein?

SG müsste **wirksam zurückgetreten** sein, §§ 449 II, 323 BGB. Der Rücktritt ist, wie gesehen, eigentlich ausgeschlossen.

Jedoch regelt **§ 216 II S. 2 BGB**, auf den § 218 I S. 3 BGB verweist, dass **beim EV der Rücktritt auch dann erfolgen kann, wenn der gesicherte Anspruch verjährt ist**.

Damit kann SG zurücktreten und die Verträge rückabwickeln, § 346 BGB.

Damit entfallen die vertraglichen Pflichten und mithin das RzB aus § 986 I BGB.

SG hat gem. § 985 BGB einen Anspruch gegen S auf Herausgabe des Lkw.

hemmer-Methode: Der EV-Verkäufer (hier SG) kann im obigen Fall die Sache aber nur zum Zweck der Verwertung herausverlangen. Dabei bestehen keine Beschränkungen. Ein etwaiger Überschuss ist nicht an den Käufer herauszugeben (Stehle, Jura 2005, 78).

Beim Schuldbeitritt haften S und der Beitretende gesamtschuldnerisch. Der Beitretende haftet für eine eigene Schuld. Deshalb können sich Schuld des S und des Beitretenden unterschiedlich entwickeln, siehe § 425 I BGB. Allerdings sind durch die Regelungen der §§ 422-424 BGB beide Verpflichtungen miteinander verbunden (zur Bedeutung des § 425 BGB siehe KK 60). Lösen Sie folgenden Fall zu § 422 BGB:

SG tritt einer Kaufpreisschuld des S gegenüber Gl bei. Gl will SG nun in Anspruch nehmen. Dieser verweist Gl jedoch darauf, dass S einen Schadensersatzanspruch in gleicher Höhe gegen Gl hat und sich durch Aufrechnung befreien könne.

Muss SG zahlen?

Der Anspruch des Gl gegen SG ergibt sich aus §§ 433 II, 421, 427 BGB. Fraglich sind aber mögliche Gegenrechte des SG.

SG kann jedenfalls nicht mit der Schadensersatzforderung des S gegen Gl aufrechnen. Dies **ergibt sich** zum einen **aus § 422 II BGB**, der klarstellt, dass der SG nicht mit einer Forderung des S aufrechnen kann, wenn er vom Gl in Anspruch genommen wird. **Einer Aufrechnung würde aber auch schon § 387 BGB entgegenstehen**, da es an einer Gegenseitigkeit der Leistungen fehlt.

Ein Leistungsverweigerungsrecht gem. § 770 II BGB, § 129 II HGB analog zugunsten des SG ist ebenfalls zu verneinen. Die Aufrechnungslage zwischen S und Gl kommt dem SG nicht zugute. **Es besteht keine mit der Bürgschaft vergleichbare Rechtslage**. Zwar verpflichtet sich auch der schuldbeitretende Sicherungsgeber wie der Bürge meist uneigennützig gegenüber dem Gl, aber er geht damit eben **keine akzessorische, sondern eine selbständige Verbindlichkeit** ein. Seine Haftung kann deshalb nicht ohne weiteres durch analoge Anwendung des Bürgenrechts modifiziert werden. **Wegen § 421 BGB ist der Gl grds. frei in der Auswahl seiner Schuldner. Dies ist bei der Bürgschaft anders**. **Dem Bürgen steht**, wird er vom Gl vor dem S in Anspruch genommen, **die Einrede der Vorausklage zu, § 771 BGB**. Der Gl ist also gezwungen, zunächst beim S Befriedigung zu finden, es sei denn, die Einrede der Vorausklage ist gem. § 773 BGB ausgeschlossen, sog. selbstschuldnerische Bürgschaft.

Durch eine Einrede der Aufrechenbarkeit wäre der Gl von Gesamtschuldnern gezwungen, sich im Wege der Aufrechnung zu befriedigen und einen bestimmten Gesamtschuldner in Anspruch zu nehmen. Dies widerspräche aber der Regelung des § 421 BGB.

hemmer-Methode: Im Sicherungsvertrag können die Parteien jedoch vereinbaren, dass eine Aufrechnungslage zwischen S und Gl auch dem SG zugutekommen soll. Dies ist gem. § 425 I BGB („soweit sich nicht aus dem Schuldverhältnis ein anderes ergibt") möglich. Für die Annahme einer solchen abweichenden Regelung reicht jedoch alleine der Sicherungszweck des Schuldbeitritts ohne weitere genauere Vereinbarung nicht aus, da ansonsten die Regelung des § 425 I BGB ausgehöhlt würde.

Die Bedeutung des § 424 BGB liegt darin, dass der Verzug des Gl gegenüber einem Gesamtschuldner auch für die anderen Schuldner wirkt.

S hat in einem notariell beurkundeten Vertrag dem Gl 50.000 € geschenkt. SG tritt dieser Schuld bei. S will dem Gl das Geld zum vereinbarten Termin vorbeibringen, trifft Gl jedoch nicht an, da dieser den Termin vergessen hat. Auf dem Rückweg wird S das Geld geraubt.

Gl verlangt weiterhin Zahlung von S (1.) und SG (2.). Zu Recht?

1. Anspruch des Gl gegen S gem. § 516 I BGB.

Der **Anspruch könnte gem. § 275 I BGB untergegangen sein**, nachdem S das Geld gestohlen worden ist. Dann müsste S die Leistung des Geldes unmöglich geworden sein. **Der Schuldner von Geld muss jedoch grds. für seine finanzielle Leistungsfähigkeit einstehen** (allgemeiner Grundsatz).

Unmöglichkeit könnte jedoch **gem. §§ 275 I, 243 II BGB** eingetreten sein, wenn sich die Geldschuld im Zeitpunkt des Raubes bereits auf die erbeuteten Geldscheine konkretisiert hat. **§ 243 BGB gilt nach h.M. jedoch nicht für die Geldschuld**. Der S hat nämlich nicht Geldzeichen mittlerer Art und Güte, sondern eine bestimmte Geldsumme zu leisten. **Die Geldschuld ist**, abgesehen von der Sortenschuld, keine Gattungsschuld, sondern **eine Schuld eigener Art** (Schuld sui generis).

§ 243 II BGB kann auch nicht analog angewandt werden, da keine Regelungslücke besteht. Die Sonderregelung des § 270 I BGB bestimmt, dass die Geldschuld eine „qualifizierte Schickschuld" ist, mit der Besonderheit, dass die Gefahr des Untergangs, also die Leistungsgefahr, bis zur Annahme des Gl beim S bleibt.

S könnte jedoch gem. §§ 275 I, 300 I, II BGB von seiner Leistungspflicht frei geworden sein. Im Zeitpunkt des Raubes befand sich **Gl gem. §§ 293, 294, 299 BGB im Annahmeverzug**. **Geld ist zwar keine Gattungsschuld (s.o.), aber § 300 II BGB ist nach h.M. auf die Geldschuld zumindest analog anwendbar**. Als S das Geld gestohlen wurde, war die Leistungsgefahr gem. § 300 II BGB auf Gl übergegangen. **S ist von seiner Zahlungsverpflichtung gem. § 300 II BGB analog befreit.**

2. Anspruch des Gl gegen SG gem. §§ 516, 421, 427 BGB.

Das **Freiwerden des S** von der Verpflichtung aus dem Schenkungsvertrag **kommt auch dem SG zugute, § 424 BGB**. Der Grund liegt darin, dass die Annahme des Geldes durch Gl die Erfüllung bewirkt hätte, also gem. § 422 I BGB auch den SG gegenüber Gl befreit hätte. Dann muss die Befreiung des S gem. § 300 II BGB analog auch zugunsten des SG wirken.

hemmer-Methode: Merken Sie sich, dass § 300 II BGB nur die Leistungsgefahr meint und nicht die Gegenleistungsgefahr, die für den Fall des Annahmeverzuges bereits durch § 326 II BGB geregelt wird.

§ 423 BGB stellt eine Verfügung zugunsten Dritter dar. Damit ist § 423 BGB eine Ausnahmevorschrift, denn Verfügungen mit dinglicher Wirkung zugunsten Dritter sind grds. nicht möglich. Ein Erlass i.R.d. § 423 BGB kann so weit gehen, dass das gesamte Schuldverhältnis aufgehoben wird (Gesamtwirkung). Dann werden alle Gesamtschuldner frei. Die Parteien können aber auch nicht so weitreichende Folgen vereinbaren (Einzelwirkung).

1. **S und SG sind zu gleichen Teilen Gesamtschuldner einer KP-Forderung des Gl i.H.v. 50.000 €. S und Gl vereinbaren nun, dass S nicht mehr von Gl in Anspruch genommen werden kann. Nachdem SG an Gl gezahlt hat, verlangt er nun seinerseits Zahlung der 50.000 € von S. Muss S zahlen?**
2. **S und Gl vereinbaren nun, dass S aus dem forderungsbegründenden Schuldverhältnis gar keine Zahlungspflicht mehr obliegen soll. Als der zahlende SG von S Geld verlangt, wendet S sich empört an Gl.**

1. Ein **Anspruch des SG** auf Zahlung i.H.v. 50.000 € könnte sich **aus § 426 II i.V.m. § 433 II BGB** ergeben. Die **Vereinbarung zwischen S und Gl** hat die Forderung des Gl nicht aufgehoben, sondern dem S nur **eine Einrede gegen die Inanspruchnahme aus der Forderung verschafft** (pactum de non petendo). Die Forderung des Gl ging nach Zahlung durch SG zur Hälfte auf SG über, § 426 II BGB. **Gem. §§ 412, 404 BGB kann S dem SG dann aber die Einrede**, die ihm gegen den Gl aus dem pactum de non petendo bzgl. der Kaufpreisforderung zustand, auch **gegen den Anspruch aus § 426 II i.V.m. § 433 II BGB entgegenhalten**.

In Betracht kommt aber ein **Anspruch des SG gegen S gem. § 426 I BGB. Im Innenverhältnis zwischen S und SG kann der Erlassvertrag (§ 397 BGB) keine Wirkung zeigen**. S kann die Einrede gegen den Anspruch aus § 426 I BGB nicht geltend machen. **Der Anspruch des SG aus § 426 I BGB ist durchsetzbar. Er besteht jedoch nur i.H.v. 25.000 €, da S und SG im Innenverhältnis zu gleichen Teilen schuldeten**.

***Achtung**: Der Erlassvertrag birgt für den SG aber trotz seines durchsetzbaren Anspruchs aus § 426 I BGB Nachteile. Bestanden für die Forderung des Gl sonstige Sicherungsmittel, gehen diese gem. §§ 426 II, 412, 401 BGB auf den zahlenden Gesamtschuldner über. Ist der Anspruch aus § 426 II BGB jedoch nicht durchsetzbar, so sind auch die Sicherungsmittel wertlos. Da § 426 I BGB keine cessio legis darstellt, „verliert" der SG die sonstigen Sicherungsmittel.*

2. Ansprüche SG gegen S: Ein Anspruch **aus § 426 II BGB besteht nicht**, da die Forderung des Gl gegen S durch den Erlassvertrag erloschen ist.

Der Anspruch **aus § 426 I BGB ist jedoch gegeben**, da Gl und S nicht vereinbaren können, dass S von seiner Verpflichtung gegen SG aus § 426 I BGB frei werden soll.

Anspruch S gegen Gl: S hat jedoch, nimmt ihn SG aus § 426 I BGB in Anspruch, **einen Freistellungsanspruch gegen den Gl**. Nach der Vereinbarung zwischen S und Gl soll S im Ergebnis nicht für die Forderung aufkommen müssen. Er soll letztlich nicht „zahlen" müssen.

hemmer-Methode: Oft werden S und Gl einfach nur erklären, dass S „die Schuld erlassen werden soll". Dann müssen Sie durch Auslegung ermitteln, welche der dargestellten Ergebnisse die Parteien damit erreichen wollten; ob Einzel- oder Gesamtwirkung. Wichtig: Der durch den Erlass begünstigte Gesamt-S kann die Befreiung ggü. dem Gl gem. § 333 BGB analog ablehnen.

Schuldbeitritt, § 425 BGB

§ 425 BGB regelt, dass sich die Verpflichtungen der Gesamtschuldner nach ihrer Entstehung grds. selbständig und unabhängig voneinander entwickeln können, es sei denn, aus dem Schuldverhältnis ergibt sich etwas anderes. Beim Schuldbeitritt kann sich aus dem Sicherungszweck, aber auch aus dem Schutzzweck der einschlägigen Norm etwas anderes i.S.d. § 425 I BGB ergeben.

S kauft bei Autohändler Gl einen Pkw unter EV. Der Kaufpreisverpflichtung, die in Raten beglichen werden sollte, trat die Ehefrau des S, SG, gesamtschuldnerisch bei. Nachdem S die Raten nicht mehr beglich und in Zahlungsverzug geriet, nahm Gl den Pkw wieder an sich. Die Voraussetzungen des § 498 BGB lagen vor. Gl verlangt aber trotzdem weiterhin Zahlung des Kaufpreises von SG.

Muss SG zahlen?

Der Anspruch des Gl ergibt sich möglicherweise aus §§ 433 II, 421, 427 BGB. Er könnte aber durch einen Rücktritt des Gl vom Kaufvertrag erloschen sein.

Gl war jedenfalls gem. §§ 508 S. 1 i.V.m. 498 S. 1 BGB zum Rücktritt berechtigt. Die Rücknahme des Autos gilt als Ausübung des Rücktrittsrechts, § 508 S.5 BGB (fingierter Rücktritt!).

Fraglich ist, ob sich der **Rücktritt des Gl** vom KV auch **Auswirkungen auf die Verpflichtung des SG** hat.

Grds. hat der **Rücktritt gem. § 425 BGB keine Gesamtwirkung**. **Etwas anderes** könnte sich jedoch **aus dem Sinn und Zweck des § 508 S.5 BGB** ergeben. Diese Bestimmung dient ausschließlich dem **Schutz des Verbrauchers**: **Er soll nicht verpflichtet sein, weiterhin die Raten zahlen zu müssen, obwohl er nach Rücknahme durch den Verkäufer nicht mehr im Besitz der Sache ist und sie somit nicht mehr nutzen kann**. An die Stelle der Ansprüche aus dem KV treten nun die Abwicklungsansprüche aus §§ 346 ff. BGB.

Diese Bestimmungen können **von ihrem Schutzzweck her damit grundsätzlich nicht auf Dritte angewendet werden, die** gegenüber dem Rücktrittsberechtigten vor der Übergabe der Sache der Kaufpreisschuld gesamtschuldnerisch beigetreten sind, ohne im Besitz der Kaufsache zu sein und deshalb **nicht in den Schutzbereich des § 508 S.5 BGB fallen**. **Sie sind der Kaufpreisschuld schließlich unabhängig von der Möglichkeit, den Kaufgegenstand nutzen zu können, beigetreten**.

Allerdings ist die Einzelwirkung nicht zwingend, insbesondere kann sich durch Auslegung etwas anderes ergeben. Der Schuldbeitretende soll die Primärforderung absichern. Diese Wirkung kann nicht mehr erreicht werden, wenn es die Primärschuld nicht mehr gibt. Es kann auch nicht sein, dass der Verkäufer das Fahrzeug wieder an sich nimmt, das den Rücktritt gem. § 508 S.5 BGB auslöst und er zusätzlich auf die Kaufpreisschuld zugreifen kann. Dies wäre ein Fall widersprüchlichen Verhaltens.

hemmer-Methode: Dieses Ergebnis erscheint zwingend, weil sich der Verkäufer andernfalls die Sache verschaffen und gleichzeitig Zahlung begehren könnte. Eine andere Frage ist die, ob der Schuldbeitretende nun für die Ansprüche haftet, welche sich aus dem Rückgewährschuldverhältnis ergeben. Dies muss durch Auslegung ermittelt werden.

Es bleibt noch zu klären, inwieweit der SG bei nicht-akzessorischen Sicherungsmitteln (SiGS, SiÜ, SiZession) bei einer Inanspruchnahme durch den SN forderungsbezogene Einreden geltend machen kann. Von Bedeutung ist dabei die Sicherungsabrede.

1. **Gl hat gegen S eine KP-Forderung, die bis Ende des Jahres gestundet wurde. SG hat Gl zur Sicherung der Forderung eine SiGS an seinem Grundstück bestellt. Bereits im Laufe desselben Jahres, d.h. vor Fälligkeit der Kaufpreisforderung, will sich Gl aus der SiGS befriedigen. Hat Gl einen durchsetzbaren Anspruch?**
2. **SG hat zur Sicherheit einer Forderung des Gl gegen S sein Auto gem. §§ 929 S. 1, 930 BGB auf Gl übertragen. S zahlte nicht, die Forderung ist bereits verjährt. Kann Gl den Pkw von SG herausverlangen?**
3. **SG hat zur Sicherheit einer Kaufpreisforderung dem Gl einen Anspruch gegen D abgetreten. Gl will nun Forderung bei D einziehen. Können D oder SG etwas gegen die Inanspruchnahme durch Gl einwenden?**

1. Der Gl hat einen Anspruch auf Duldung der Zwangsvollstreckung aus §§ 1192 I, 1147 BGB. Diesem kann der SG möglicherweise die **Einrede der fehlenden Fälligkeit** entgegensetzen. **Da die Kaufpreisforderung gestundet ist, könnte S diese Einrede seiner Inanspruchnahme aus der gesicherten Forderung entgegenhalten. Fraglich ist, ob diese Einrede auch SG zusteht.**

§ 1137 BGB ist Ausfluss der Akzessorietät der Hypothek und deshalb **nicht auf die SiGS anwendbar**. Allerdings kann sich der dingliche SG auf die **schuldnerbezogenen Einreden aus dem Sicherungsvertrag** berufen. Sinn des Sicherungsvertrages ist es, die Sicherheit mit der Forderung zu verbinden und sie dem Zugriff des Gl auszusetzen, allerdings nur i.R.d. gesicherten Forderung. **Die SiGS steht dem Gl nur soweit zur Verfügung, wie er auch aus der durch sie gesicherten Forderung vorgehen könnte. SG kann Einrede der fehlenden Fälligkeit der Forderung über den Sicherungsvertrag der SiGS entgegenhalten.**

2. Der **Herausgabeanspruch des Gl** ergibt sich möglicherweise **aus. § 985 BGB**. Gl ist jedenfalls Eigentümer der Fahrzeuge. **SG steht** nach Eintritt des Sicherungsfalles **kein Besitzrecht mehr an dem Sicherungsgut zu. Allerdings kann er sich grds. gegen einen Herausgabeanspruch über die Sicherungsabrede auf die schuldnerbezogenen Einreden berufen**. Das zur SiGS Gesagte gilt entsprechend. Eine Auslegung des Sicherungsvertrages bzgl. der schuldnerbezogenen Einreden kann dabei im Zweifel im Lichte des § 1211 BGB vorgenommen werden.

Aber auch für die Sicherungsübereignung gilt § 216 II 1 BGB. Damit kann sich SG nicht auf die Verjährung der gesicherten Forderung berufen.

3. Gl zieht als Berechtigter (er wurde schließlich Forderungsinhaber durch die SiZession) die Forderung bei D ein. **Damit hat SG keine Möglichkeit der Intervention**. **D wiederum kann keine Einreden aus dem** (ohne seine Beteiligung zustande gekommenen) **Sicherungsvertrag geltend machen**, auch wenn diese an sich genauso bestünden wie bei einer SicherungsÜ. Die Parteien können jedoch anderes vereinbaren, etwa § 328 BGB analog.

hemmer-Methode: Sie sehen wieder, dass der SG einer SiZession eine wesentlich schwächere Position innehat als bei den anderen nicht-akzessorischen Sicherungsmitteln.

Zusammenfassung

Der SG kann dem Gl bei einer Inanspruchnahme aus dem Sicherungsmittel grds. rechtsvernichtende oder rechtshindernde Einwendungen aus dem Sicherungsvertrag entgegenhalten. Beide sind Parteien dieser schuldrechtlichen Verbindung, die untereinander getroffenen Vereinbarungen wirken unmittelbar zwischen ihnen. So steht es mit der Einwendung, dass der Sicherungsvertrag angefochten oder sittenwidrig sei. Das Gleiche gilt für die rechtshemmenden Einreden. Die Verpflichtung des SG aus dem Sicherungsvertrag kann gestundet werden oder verjährt sein. Solche Einreden kann der SG ohne weiteres als eigenes Gegenrecht dem Gl entgegenhalten.

Fassen Sie nochmals zusammen, inwieweit der SG dem Gl bei einer Inanspruchnahme aus dem Sicherungsmittel auch forderungsbezogene Einreden entgegengehalten kann.

Bei der Frage, inwieweit forderungsbezogene Einreden vom SG gegen eine Inanspruchnahme aus dem Sicherungsmittel entgegengehalten werden können, ist zwischen den einzelnen Sicherungsmitteln zu differenzieren:

1. Bürgschaft: Forderungsbezogene Einreden kann SG gem. § 768 I S. 1 BGB innerhalb der Grenzen aus § 768 I S. 2 BGB, § 254 II InsO geltend machen. Zudem hat er die Einrede aus § 770 BGB, falls S oder Gl noch ein Gestaltungsrecht ausüben können. Merken Sie sich den Unterschied zwischen § 768 I S. 1 BGB und § 770 BGB: Über § 768 I S. 1 BGB macht der Gl rechtshemmende Einreden des Gl geltend, nicht rechtsvernichtende Einwendungen (dann besteht die Bürgschaftsverpflichtung nämlich schon nicht, § 767 I S. 1 BGB). § 770 BGB gibt dem Bürgen eine Einrede, wenn die Parteien durch Gestaltungsrechte noch auf den Bestand des forderungsbegründenden Schuldverhältnisses einwirken können (also noch nicht rechtsvernichtend eingewirkt haben).

2. Hypothek: Es gilt § 1137 BGB, mit Begrenzungen des § 1137 I S. 2, § 254 II InsO und § 216 BGB.

3. Pfandrecht: Es gilt § 1211 BGB, zu beachten ist § 216 BGB.

4. Schuldbeitritt: Einreden und Einwendungen des einen Gesamtschuldners müssen dem anderen nicht zugute kommen, denn die Forderungen sind nicht akzessorisch zueinander, siehe § 425 BGB. Die Regelungen der §§ 422-424 BGB verbinden die beiden Verpflichtungen jedoch miteinander.

5. SiGS: Forderungsbezogene Einreden können über den Sicherungsvertrag geltend gemacht werden.

6. SiÜ: Auch hier können die forderungsbezogenen Einreden über den Sicherungsvertrag geltend gemacht werden. § 216 BGB findet auch bei der SiÜ Anwendung.

7. SiZession: Es bestehen hier zwar auch forderungsbezogene Einreden aus dem Sicherungsvertrag, die der Dritt-S, bei dem Gl /SN die Forderung einzieht, jedoch i.d.R. nicht geltend machen kann.

hemmer-Methode: Zur Vertiefung: H/W, KreditsR, Rn. 218-244.

Viele Probleme ergeben sich daraus, dass der Gl die gesicherte Forderung abtritt oder der SN die Sicherung auf einen Dritten überträgt. Im Sicherungsvertrag können solche Verfügungen nicht ausgeschlossen werden, § 137 S. 1 BGB. Verfügt der SN als Nichtberechtigter über das Sicherungsgut, dann stellt sich die Frage, ob der Dritte gutgläubig erwerben konnte.

Bei der Bürgschaft gilt: Tritt der Gl eine mit einer Bürgschaft gesicherte Forderung an einen Dritten ab, geht die Bürgschaft gem. § 401 BGB auf den Erwerber mit über.

Zur Sicherung einer Kaufpreisforderung des Gl gegen S schließen Gl und SG einen Bürgschaftsvertrag ab, der gem. § 138 I BGB nichtig ist. Gl tritt nun die vermeintlich gesicherte Forderung an D ab, der davon ausgeht, dass SG bürgt. D will nun SG in Anspruch nehmen.

Wie ist die Rechtslage?

Möglicherweise kann Gl den SG gem. **§** 765 I S. 1 i.V.m. § 433 II BGB in Anspruch nehmen. Allerdings müsste D dazu vorliegend nicht nur die Forderung erworben haben, sondern auch die Bürgschaftsverpflichtung**. Wegen des nichtigen Bürgenvertrages ist diese aber nicht entstanden, folglich kann auch keine Sicherung gem. § 401 BGB auf D übergehen. Ein gutgläubiger Erwerb der Rechtsstellung des durch die Bürgschaft Begünstigten ist nicht möglich**. Im Endeffekt ist dies ja eine Forderung gegen den Bürgen. Ein gutgläubiger Forderungserwerb ist aber (außer in den Fällen des § 405 BGB) nicht möglich. SG kann gegenüber D einwenden, dass seine Bürgenschuld nicht entstanden ist (rechtshindernde Einwendung). **Es besteht kein Anspruch gem. § 765 I S. 1 i.V.m. § 433 II BGB**.

hemmer-Methode: Lösen Sie zur Vertiefung folgenden Fall und denken Sie dabei an die Akzessorietät der Bürgschaft: SG verbürgt sich für die Kaufpreisforderung des S bei Gl. Der denkt sich, er könne eigentlich Forderung und Bürgschaft zu Geld machen und tritt an D1 die Forderung und an D2 die sie sichernde Bürgschaft ab. D2 möchte nun SG in Anspruch nehmen.

Lösung: D2 hat keinen Anspruch gem. § 765 I i.V.m. § 433 II BGB gegen SG. Die Bürgschaft ist ein streng akzessorisches Recht. Die Bürgschaft „sitzt" auf der Forderung und kann von dieser nicht getrennt werden. Wird die Forderung abgetreten, geht automatisch gem. § 401 BGB die Bürgschaft mit über, unabhängig davon, ob die Parteien dies wünschen oder nicht. Im Umkehrschluss kann die Bürgschaft nur auf einen Dritten übergehen, wenn die Forderung abgetreten wird. Dort wo die Forderung ist, ist auch die Bürgschaft und umgekehrt.

Die andere, von Reinicke/Tiedtke vertretene Ansicht ist nicht mit dem Grundsatz der Akzessorietät vereinbar. Diese Meinung geht nämlich davon aus, dass der Gl seine (zukünftige) Forderung gegen den Bürgen an einen Dritten abtreten kann. Dadurch würde jedoch die Bürgschaft nicht inhaltlich geändert, sondern es würde sich lediglich die Person des Forderungsberechtigten ändern. Dieser könne dann zwar nicht vom Bürgen Leistung an sich verlangen, aber Zahlung des Bürgen an den Gl.

Die Übertragung einer mit einer Hypothek gesicherten Forderung ist nur in der Form des § 1154 BGB möglich. Grund hierfür ist wiederum die Akzessorietät. Da die Hypothek immer der Forderung folgt, § 1153 I, II BGB, gebietet der sachenrechtliche Offenkundigkeitsgrundsatz, dass der Übergang der Hypothek angezeigt wird. Merken Sie sich: Nur die mit einer Hypothek gesicherte Forderung kann abgetreten werden, nicht die Hypothek selbst!

Wenn die Hypothek nicht wirksam entstanden ist und die (evtl. nur vermeintlich existierende) Forderung abgetreten wurde, ist ein gutgläubiger Erwerb der Hypothek möglich. Beim gutgläubigen Erwerb der Hypothek gibt es drei Fallkonstellationen:

Kennen Sie diese?

1. Fallgruppe: Der **Gl ist Inhaber einer Forderung**, **die mit einer Hypothek gesichert werden sollte**. **Die Hypothekenbestellung leidet jedoch an einem dinglichen Mangel**, weil z.B. keine wirksame dingliche Einigung zwischen Gl und SG zustande gekommen ist. Überträgt der Gl jetzt die Forderung auf einen Dritten, kann dieser die Hypothek kraft guten Glaubens erwerben (vgl. dazu SachenR III, Rn. 190 ff.).

- Bei der **Buchhypothek** richtet sich ein **Gutglaubenserwerb nach § 892 BGB**. Der Gl ist zwar nicht Inhaber der Hypothek, ist als solcher jedoch im GB ausgewiesen.

- Bei der **Briefhypothek** ist ein **Gutglaubenserwerb gem. § 892 BGB möglich**, wenn der abtretende Gl im GB eingetragen ist (weil er bei der Bestellung der Hypothek gem. §§ 873, 1115 I BGB eingetragen wurde, oder weil die Übertragung der gesicherten Forderung auf ihn gem. § 1154 I, II BGB erfolgte). Ist der übertragende Gl nicht im GB als Rechtsinhaber der Hypothek ausgewiesen, ist ein **gutgläubiger Hypothekenerwerb** durch den Dritten **unter den Vss. des § 1155 BGB möglich** (siehe dazu den Fall auf nachfolgender KK).

2. Fallgruppe: Die **hypothekarisch gesicherte Forderung**, die der Gl abtritt, **besteht gar nicht**. **Alle anderen Vss. für die Entstehung einer Hypothek liegen jedoch vor**. Es besteht also eine EGS gem. §§ 1163 I S. 1, 1177 I BGB. **Tritt der Gl nun die vermeintliche Forderung an einen Dritten ab, kann dieser gem. §§ 1138, 892 BGB eine „forderungsentkleidete" Hypothek erwerben**, wenn der Gl im Zeitpunkt der Übertragung entweder durch eine GB-Eintragung, § 892 BGB, oder durch eine Kette öffentlich beglaubigter Abtretungserklärungen legitimiert ist, § 1155 BGB und der Dritte bzgl. des Bestehens der Forderung gutgläubig war.

Achtung: *Der Dritte erwirbt nicht gutgläubig die Forderung, sondern eine Hypothek, die ausnahmsweise keine Forderung sichert* (siehe dazu näher KK 67).

3. Fallgruppe: Bei Übertragung vom Gl auf einen Dritten **besteht die zu sichernde Forderung nicht und die Hypothek ist auch aus einem anderen Grunde** (neben der fehlenden zu sichernden Forderung) **nicht wirksam zustande gekommen** (z.B. fehlende Einigung). Ein **gutgläubiger Erwerb** der „forderungsentkleideten" Hypothek ist dann möglich, **wenn die Vss. der Fallgruppe 1 und 2 kombiniert vorliegen**.

hemmer-Methode: Bei der streng akzessorischen Sicherungshypothek ist § 1138 BGB nicht anwendbar, § 1185 II BGB. Gutgläubiger Erwerb ist nur bei Fallgruppe 1 möglich, (vgl. H/W, KreditsR Rn 249 ff.).

Verdeutlichen Sie sich die Regelung des § 1155 BGB an folgendem Fall (machen Sie sich eine Skizze!):

Gl 1 tritt seine hypothekarisch gesicherte Forderung gem. §§ 1154 I, 1155 BGB an Gl 2 ab, dieser wiederum gem. §§ 1154 I, 1155 BGB an Gl 3. Gl 3 tritt schließlich gem. § 1154 I BGB die Forderung privatschriftlich an Gl 4 ab. Die Briefhypothek war jedoch niemals entstanden, da zwischen Gl 1 und SG keine wirksame Einigung zustande gekommen war. Gl 2 und Gl 3 wussten von der mangelnden Einigung, Gl 4 hingegen war diesbezüglich bei der Übertragung der Forderung auf ihn gutgläubig.

Hat Gl 4 die Briefhypothek erworben?

Gl 4 konnte die Briefhypothek nicht durch Abtretung der (vermeintlich) gesicherten Forderung gem. §§ 398, 1154 BGB erwerben, § 1153 I BGB. Die Hypothek ist aufgrund mangelnder Einigung zwischen SG und Gl 1 überhaupt nicht entstanden. Der bösgläubige Gl 2 konnte die Hypothek nicht gutgläubig gem. § 892 BGB von Gl 1 erwerben und der bösgläubige Gl 3 konnte sie nicht gutgläubig gem. §§ 1155, 892 BGB erwerben.

Möglicherweise hat Gl 4 die Hypothek jedoch gutgläubig gem. §§ 1155, 892 BGB vom nicht berechtigten Gl 3 erworben. Bei Abtretung einer mit einer Briefhypothek gesicherten Forderung kann die schriftliche Abtretungserklärung durch die Eintragung der Abtretung ins Grundbuch gem. § 1154 II BGB ersetzt werden. Regelmäßig wird sich die Übertragung jedoch gem. § 1154 I BGB und damit außerhalb des GB vollziehen. Das GB weist daher den Eingetragenen nicht sicher als Rechtsinhaber aus. Der Gutglaubenserwerb ist daher bei der Briefhypothek über das GB hinaus auch auf frühere Abtretungen erweitert worden, die nicht im GB erscheinen, die aber öffentlich beglaubigt sind, §§ 1155, 129 BGB. **Derjenige, der durch eine ununterbrochene Kette öffentlich beglaubigter Abtretungserklärungen als Berechtigter ausgewiesen ist, wird über § 1155 BGB demjenigen gleich gestellt, der als Berechtigter im GB eingetragen ist**.

Merken Sie sich: *Die Kette der öffentlich beglaubigten Abtretungserklärungen wird ins GB projiziert.*

Im Fall bedeutet dies Folgendes: **Gl 3 ist zwar Nichtberechtigter, aber gem. § 1155 I BGB als Berechtigter ausgewiesen**. *Die Abtretung der Forderung von Gl 3 auf Gl 4 entsprach zwar nicht der Form des § 1155 BGB, aber nicht der Erwerber, sondern der abtretende Nichtberechtigte muss durch eine öffentliche Abtretungserklärung ausgewiesen sein.* **Gl 4 hat somit die Hypothek gutgläubig erworben**.

hemmer-Methode: Anders würde es sich verhalten, wenn Gl 1 die hypothekarisch gesicherte Forderung gem. §§ 1155, 1154 I BGB übertragen hätte, Gl 2 diese privatschriftlich an Gl 3 abgetreten hätte und dieser wiederum die Forderung gem. §§ 1155, 1154 I BGB an Gl 4 übertragen hätte. Gl 4 kann in diesem Fall die Hypothek nicht gem. §§ 1155, 892 BGB gutgläubig erwerben, da Gl 3 nicht durch eine ununterbrochene Kette von öffentlich beglaubigten Abtretungserklärungen legitimiert ist. Obwohl Gl 4 wiederum durch eine öffentliche Abtretungserklärung als Berechtigter ausgewiesen ist, könnte ein Gl 5 auch von Gl 4 nicht gem. §§ 1155, 892 BGB gutgläubig erwerben, da die Unterbrechung der Abtretungskette bei der Übertragung zwischen Gl 2 und Gl 3 allen nachfolgenden Abtretungen in der Reihe schadet (vgl. H/W, KreditsR, Rn. 253 ff.).

Die gefälschte Abtretungserklärung

Problematisch ist ein Gutglaubenserwerb, wenn zwar eine Kette öffentlich beglaubigter Abtretungserklärungen vorliegt, jedoch eine oder mehrere der Abtretungserklärungen gefälscht wurden.

Gl 2 hat sich von Gl 1 privatschriftlich eine hypothekarisch gesicherte Forderung abtreten lassen. Im Nachhinein entdeckt er, dass Gl 1 weder Inhaber der Forderung noch der Hypothek war, die einzig und allein dem X zustanden, der auch im Grundbuch eingetragen ist. Er fühlt sich von Gl 1 betrogen und scheut sich nicht, jetzt seinerseits zu betrügen. Er fälscht eine öffentlich beglaubigte Abtretungserklärung des X. Damit spiegelt er dem Gl 3, dem er nun die Forderung gem. §§ 398, 1154 I BGB abtritt, vor, der X habe ihm die Forderung und die Hypothek direkt übertragen.

Ist Gl 3 Inhaber von Forderung und Hypothek geworden?

1. Forderungserwerb des Gl 3

Gl 3 wurde nicht Forderungsinhaber, denn **Gl 2 war nicht Inhaber der Forderung**, da Gl 1 ihm nichts abtreten konnte. **Einen gutgläubigen Forderungserwerb kennt das Gesetz aber grds.** (Ausnahme: § 405 BGB) **nicht**.

2. Hypothekenerwerb des Gl 3

Gl 2 hat die Hypothek nicht gutgläubig von Gl 1 erworben, da Gl 1 nicht im Zeitpunkt der Abtretung zwischen Gl 1 und Gl 2 im GB eingetragen war. § 892 BGB kann nicht zugunsten des Gl 2 eingreifen. Gl 2 verfügte damit als Nichtberechtigter gegenüber Gl 3.

Gl 3 konnte nicht gem. § 892 BGB vom Nichtberechtigten Gl 2 erwerben, da immer noch X im GB als Berechtigter eingetragen ist.

Gl 3 könnte jedoch gem. §§ 1155, 892 BGB die Hypothek gutgläubig erworben haben. Die Abtretungserklärung, aus der hervorgeht, dass X dem Gl 2 Forderung und Hypothek übertragen hat, ist jedoch gefälscht. Wäre sie echt, dann wäre Gl 2 in der Lage gewesen, dem gutgläubigen Gl 3 die Hypothek zu übertragen:

- Nach dem **RG** ermöglicht **alleine schon der Anschein einer öffentlich beglaubigten Abtretungserklärung einen Rechtserwerb kraft guten Glaubens**. Auch eine gefälschte Abtretungserklärung gem. § 1155 BGB schützt den guten Glauben des Erwerbers.
- **Nach der h.M. ist ein gutgl. Erwerb gem. § 1155 BGB aufgrund einer gefälschten Abtretungserklärung ebenso wenig möglich wie aufgrund einer gefälschten Grundbucheintragung**. Der gutgl. Erwerb setzt den Rechtsschein einer Legitimation voraus. Beim gutgl. Erwerb des Eigentums oder des Pfandrechts an beweglichen Sachen ist der Besitz dieser Rechtsscheinträger, beim gutgl. Erwerb eines Rechts an einem Grundstück grds. die GB-Eintragung, bzw. die öffentlich beglaubigte Abtretungserklärung, §§ 1155, 892 BGB. Einer Fälschung kann eine solche Legitimationswirkung jedoch nicht zugesprochen werden, da ansonsten der Gutglaubenserwerb davon abhängen würde, wie gut die Fälschung gelungen ist. **Geschützt ist der gute Glaube aufgrund eines Rechtsscheintatbestandes, nicht der gute Glaube an einen Rechtsscheintatbestand**. Gl 3 hat die Hypothek nicht erworben.

hemmer-Methode: Erforderlich für einen Gutglaubenserwerb ist der Rechtsschein der Legitimation des Verfügenden, nicht der Anschein eines Rechtsscheins. Vgl. zu der ähnlichen Problematik beim gutgl. Geheißerwerb SachenR II, Rn. 93 f.

Bedeutung des § 1138 BGB

Sie wissen bereits, dass § 1138 BGB nicht einen gutgläubigen Forderungserwerb ermöglicht, sondern nur das Bestehen einer Forderung fingiert. Lösen Sie zum besseren Verständnis des § 1138 BGB nachfolgenden Fall:

S schuldet Gl eine Kaufpreisforderung i.H.v. 100.000 €. Zur Sicherheit bestellt S dem Gl eine Briefhypothek an seinem Grundstück. Gl wird daraufhin als HypothekenGl ins GB eingetragen. S und Gl haben jedoch beim Geschäftemachen kein Glück. Der Kaufvertrag wird schließlich von S erfolgreich angefochten. Bei der Hypothekenbestellung lag keine Einigung zwischen S und Gl vor. Nach der Anfechtung des Kaufvertrages tritt Gl die „Hypothek" an D ab.

Hat D Ansprüche gegen S?

1. Anspruch aus § 433 II i.V.m. § 398 S. 2 BGB

Da die Hypothek nur durch Abtretung (in der Form des § 1154 BGB) der durch sie gesicherten Forderung übertragen werden kann, muss die Erklärung des Gl, er trete die „Hypothek" an D ab, dahin gehend ausgelegt werden, dass die Abtretung der hypothekarisch gesicherten Kaufpreisforderung gemeint ist. **Da die Forderung nach der Anfechtung gem. § 142 BGB ex tunc erloschen ist, konnte Gl dem D jedoch nichts mehr abtreten**. Ein gutgl. Forderungserwerb gem. § 405 BGB liegt nicht vor. D hat keinen Anspruch aus § 433 II i.V.m. § 398 S. 2 BGB.

2. Anspruch auf Duldung der Zwangsvollstreckung gem. § 1147 BGB

D hat die Hypothek nicht gem. § 1153 I BGB durch Abtretung der Kaufpreisforderung erworben, da eine Abtretung der Forderung nach der Anfechtung nicht mehr möglich war (s.o.).

D könnte die **Hypothek** jedoch gem. §§ 1138, 892 BGB **gutgläubig erworben** haben. Es liegt ein **Fall des sog. „Doppelmangels"** vor. Der gutgläubige Erwerb des D müsste zum einen die fehlende Forderung gem. § 1138 BGB überwinden, zum anderen die unwirksame Hypothekenbestellung gem. § 892 BGB:

- Die **Fiktion des § 1138 BGB greift ein, da Gl immer noch als Inhaber der Kaufpreisforderung im GB eingetragen ist und D hinsichtlich der Gläubigerstellung des Gl gutgl. ist**. § 1138 BGB ermöglicht einen gutgl. Hypothekenerwerb, wenn der Übergang der Hypothek nur an der fehlenden Forderung scheitern würde. Um die Hypothek als Kreditmittel verkehrsfähig zu halten, fingiert § 1138 BGB das Bestehen der Forderung, bewirkt aber nicht einen gutgl. Forderungserwerb. **Über § 1138 BGB entsteht damit eine „forderungsentkleidete" Hypothek**.
- Die **Hypothek ist jedoch aufgrund der fehlenden Einigung bei der Bestellung nicht entstanden**. Dieser Mangel kann von § 1138 BGB nicht überwunden werden. Da Gl jedoch als Hypothekeninhaber vom GB ausgewiesen wird, konnte D die Hypothek gem. § 892 BGB erwerben. **Fraglich ist nur, ob D durch Rechtsgeschäft erworben hat, wie dies § 892 I BGB verlangt**. Da die **Übertragung der Hypothek nach § 1153 BGB kraft Gesetzes** durch Abtretung der Forderung erfolgt, könnte dies fraglich sein. **Mittelbar besteht aber mit der Abtretung** der (dem Gl vermeintlich zustehenden) Forderung an D **ein Rechtsgeschäft**. **Dies genügt für § 892 BGB.**

D hat damit eine forderungsentkleidete Hypothek gem. §§ 1138, 892 BGB erworben.

hemmer-Methode: Lesen Sie zur Wirkung des § 1138 BGB H/W, KreditsR, Rn. 256 f. bzw. SachenR III, Rn. 193 f.

Mitreißtheorie

§ 1138 ermöglicht einen gutgläubigen Erwerb einer „forderungsentkleideten“ Hypothek, nicht nur wenn die Forderung gar nicht (mehr) existiert, sondern auch wenn die Forderung besteht, aber nicht dem über die „Hypothek“ verfügenden Nichtberechtigten zusteht, sondern einem Dritten. In diesem Fall könnte es grds. dazu kommen, dass Forderung und Hypothek getrennt würden. Dieses unerwünschte, gegen den Akzessorietätsgrundsatz verstoßende Ergebnis wird über die sog. „Mitreißtheorie“ korrigiert.

S hat bei Gl ein Darlehen aufgenommen, zu dessen Sicherung er Gl eine Briefhypothek an seinem Grundstück bestellt. Gl wird im GB als Hypothekengläubiger eingetragen. Nach mehreren Jahren wird Gl unerkennbar geisteskrank. Er tritt die Darlehensforderung gem. §§ 1154 I, 1155 BGB an C ab, der sie in gleicher Form an D veräußert. Von der Geisteskrankheit des Gl wissen weder C noch D. D, aber auch der Betreuer des Gl verlangen von S nun Zahlung.

Wie ist die Rechtslage?

1. Anspruch D gegen S gem. § 488 i.V.m. § 398 S. 2 BGB

D hat die Forderung nicht gem. §§ 398, 1154 BGB von C erworben, da C nicht als Berechtigter verfügte. Die Abtretungserklärung des Gl war gem. §§ 104 Nr.2, 105 BGB nichtig. Ein gutgläubiger Forderungserwerb des D gem. § 405 BGB liegt ebenfalls nicht vor. **Grds. wäre Gl also Forderungsinhaber geblieben**.

2. Anspruch D gegen S auf Duldung der Zwangsvollstreckung gem. § 1147 BGB

D hat die Hypothek gem. §§ 1138, 892 BGB gutgläubig von C erworben. C kann seine Gläubigerberechtigung durch eine öffentlich beglaubigte Abtretungserklärung von dem im GB eingetragenen Gl ableiten und gilt dem Erwerber D gegenüber als GB-Legitimierter. **D war hinsichtlich der Gläubigerstellung des C gutgläubig und hat gem. §§ 1138, 1155, 892 BGB die Hypothek erworben**.

3. Im Ergebnis wäre Gl nun Forderungsinhaber und D Berechtigter einer „forderungsentkleideten" Hypothek und **S ggfs. der Gefahr ausgeliefert, dass beide auf ihn zurückgreifen können**. **In diesem Falle ist umstritten, ob der Erwerb der Hypothek nicht auch die Forderung mit sich zieht:**

- **Die sog. „Mitreißtheorie" bejaht dies** und macht folglich eine Ausnahme von dem Grundsatz, dass eine Forderung nicht gutgl. erworben werden kann. Der Akzessorietätsgrundsatz des § 1153 I BGB verdiene insoweit den Vorrang. **Der SG müsse davor bewahrt werden, doppelt belastet zu werden.**
- Die **Gegenansicht** akzeptiert die durch § 1138 BGB bedingte Durchbrechung des Akzessorietätsgrundsatzes. **Für sie besteht kein Grund, den D auch noch zum Inhaber der Forderung zu machen**.

4. Die Mitreißtheorie ist abzulehnen. Sie verstößt gegen das Gesetz, konkret gegen § 1138 BGB. Auch ist der Eigentümer, der zugleich persönlicher Schuldner ist, insoweit geschützt, als er die Vollstreckung nur zu dulden braucht, wenn ihm der Hypothekenbrief zurückgegeben wird, § 1144 bzw. § 1160 BGB. Gem. § 1161 BGB gilt dies auch für die Geltendmachung der Forderung. Der Gläubiger der Forderung hat aber den Brief nicht, so dass sein Anspruch mit einer dauernden Einrede behaftet ist. **Damit hat D nur die Hypothek** erworben.

hemmer-Methode: Die Gefahr einer doppelten Inanspruchnahme besteht daher nicht. Selbst wenn der Eigentümer in Verkennung des § 1161 BGB bereits gezahlt haben sollte, könnte er gem. § 813 BGB Rückzahlung verlangen.

Hat S dem Gl ein Pfandrecht an seiner Sache bestellt, dann ist der Gl im Besitz der Sache, § 1205 BGB. Will der Gl das Pfandrecht an der Sache auf einen Dritten übertragen, muss er die gesicherte Forderung abtreten. Aufgrund des Akzessorietätsgrundsatzes kann das Pfandrecht nicht allein übertragen werden. Gem. §§ 1250 I S. 1, 401 I BGB geht das Pfandrecht mit der Abtretung der Forderung über.

1. **S hat Gl zur Sicherung einer nicht existierenden Forderung ein Pfandrecht an seiner wertvollen antiken Uhr bestellt. Gl tritt das „Pfandrecht" an D ab.**
2. **Abwandlung: Zwar bestand die zu sichernde Forderung, die Einigung zwischen S und Gl bei der Pfandrechtsbestellung schlug jedoch fehl.**

Hat D in den beiden Fällen ein Pfandrecht erworben?

1. D konnte im Ausgangsfall nicht gutgläubig ein Pfandrecht an der Uhr erwerben. Besteht die zu sichernde Forderung nicht, existiert auch kein Pfandrecht. Das Regelwerk zum Pfandrecht kennt keine dem § 1138 BGB vergleichbare Vorschrift und damit auch kein „forderungsentkleidetes" Pfandrecht. D kann weder Forderung (die ja nicht existiert), noch Pfandrecht erwerben.

2. D hat unproblematisch gem. § 398 BGB die Forderung erworben.

Fraglich ist aber, ob D zumindest gutgläubig ein Pfandrecht an der Uhr erwerben konnte. **Hiergegen sprechen aber folgende Überlegungen:**

- Zum einen besteht **kein Rechtsscheintatbestand,** der den Gl als Pfandrechtsinhaber ausweisen würde. Zwar befindet sich Gl im Besitz der Uhr, wodurch eine Eigentumsvermutung begründet werden kann. Diese Vermutung hat er aber selbst widerlegt, indem er erklärte, er verfüge nicht als Eigentümer, sondern als Pfandgläubiger über die Sache. **Eine gesetzliche Vermutung, dass der Besitz den GL als Pfandgläubiger ausweist, besteht aber gerade nicht.**

- Zum anderen spricht gegen den gutgl. Erwerb ein Vergleich mit der Verkehrshypothek. Aus **§ 1250 BGB** ergibt sich, dass sich der Übergang des Pfandrechts unsichtbar vollzieht. **Bereits mit der Abtretung der Forderung geht das Pfandrecht auf den neuen Gl über, eine Übergabe der Pfandsache ist dazu nicht erforderlich**. Gem. § 1251 I BGB ist der neue Pfandgläubiger schon dinglicher Rechtsinhaber, bevor er die Pfandsache vom Alt-Gl erhalten hat. **Dies ist bei der Verkehrshypothek anders: Ihr Übergang zeigt sich entweder in der GB-Eintragung oder in der Übergabe des Hypothekenbriefes durch den legitimierten** (§§ 1155, 892 BGB) **Gl**. Beim Pfandrecht existiert ein solcher Rechtsscheintatbestand nicht.

hemmer-Methode: Das Pfandrecht kann nicht durch Übertragung durch einen Nichtberechtigten gutgläubig erworben werden. Allerdings ist ein gutgläubiger Erwerb eines Pfandrechts an einer Sache, die dem Verpfänder nicht gehört, bei der Bestellung des Pfandrechts sehr wohl möglich, § 1207 BGB. Außerdem kann ein gutgläubiger Dritter vom Pfandrechtsinhaber, der sich als Eigentümer der Sache ausgibt, gem. §§ 932 ff. BGB Eigentum an der Pfandsache erwerben. Der Verpfänder verliert dann sein Eigentum.

Wird eine Forderung durch einen Schuldbeitritt gesichert, entsteht eine gesamtschuldnerische Haftung zwischen S und SG. Der Gl hat gegen den SG einen eigenen selbständigen Anspruch, den er einzeln vom Anspruch gegen den S an einen Dritten abtreten kann. Ist der Schuldbeitritt nicht zustande gekommen und tritt der Gl die vermeintliche Sicherung aus dem Schuldbeitritt des SG an einen Dritten ab, kann dieser nichts erwerben, da ein gutgläubiger Forderungserwerb grds. nicht möglich ist (Ausnahme: § 405 BGB).

Gl steht eine Kaufpreisforderung gegen S zu. SG ist der Kaufpreisschuld des S zur Sicherung beigetreten. Der Gl überträgt nun die Forderung gegen S an D. Als D von S Zahlung verlangt, weigert der sich, seiner Verpflichtung nachzukommen. D stört dies nicht weiter, da er dann eben den zuverlässigen und liquiden SG in Anspruch nehmen will.

Hat D einen Anspruch gegen SG?

Der Anspruch könnte sich aus §§ 433 II, 421, 427 BGB i.V.m. § 401 BGB analog ergeben.

Bei einem Schuldbeitritt, der nur der Sicherung einer Forderung dient (also NICHT bei jeder Gesamtschuld!), **wendet der BGH den Rechtsgedanken des § 401 BGB analog an**. Trifft der Abtretungsvertrag zwischen Gl und D keine Regelung hinsichtlich der Forderung Gl gegen SG, geht die sichernde Forderung Gl gegen SG gem. § 401 analog BGB auf D mit über. **D hat den Anspruch des Gl gegen SG aus §§ 433 II, 421, 427 BGB gem. § 401 analog BGB erworben.**

***Dieser analogen Anwendung liegen folgende Erwägungen zugrunde**: Beim Schuldbeitritt sind die Ansprüche des Gl gegen S und SG zwar selbständig und damit getrennt abtretbar, über § 422 I S. 1 BGB bleiben sie jedoch miteinander verbunden. Würde z.B. SG im Fall an Gl zahlen, würde damit auch die Verpflichtung des S gegenüber D erlöschen. S wird nicht dadurch benachteiligt, dass er einem neuen Gläubiger schuldet. S kann das Erlöschen seiner Verpflichtung gegenüber dem Gl gem. § 404 BGB auch nach der Übertragung der Forderung an D dem D entgegenhalten. D würde also ohne analoge Anwendung des § 401 BGB ungerechtfertigterweise ein sehr unsicheres Recht erhalten, da er dann nur einen Anspruch gegen einen der Gesamtschuldner erlangen würde.*

hemmer-Methode: Von größerer Bedeutung ist, ob § 401 BGB auch beim gesetzlichen Forderungsübergang auf den Schuldbeitritt analog angewendet werden kann. Probleme ergeben sich dabei in dieser klassischen Fallkonstellation, die weiter unten auf KK 92 genau dargestellt wird:

SG 1 hat sich für eine Kaufpreisschuld des S gegenüber Gl verbürgt. SG 2 ist der Kaufpreisschuld sichernd beigetreten. SG 1 zahlt nun an Gl und erwirbt damit die Kaufpreisforderung gegen S i.R.d. gesetzlichen Forderungsübergangs gem. § 774 I BGB. Mit der Kaufpreisforderung geht dann auch die Forderung gegen SG 2 gem. §§ 412, 401 BGB analog mit auf SG 1 über. Umstritten ist jetzt, inwieweit SG 1 den SG 2 in Regress nehmen kann.

Die GS und die durch sie gesicherte Forderung können getrennt voneinander übertragen werden. § 1153 BGB gilt gerade nicht für die nicht-akzessorische GS. Deshalb muss die Übertragung der gesicherten Forderung auch nicht in der Form des § 1154 BGB erfolgen, da mit ihr nicht gleichzeitig die GS mit übergeht. Die GS selbst wird jedoch gem. §§ 1192, 1154 BGB übertragen. § 1154 BGB wird auf die GS analog angewandt, da sie, obwohl sie ja ein dingliches Recht darstellt, ansonsten den Inhaber wechseln könnte, ohne dass der Brief übergeht oder eine Eintragung im GB erfolgt. In der Klausur bedeutet das für Sie, dass Sie immer genau auseinanderhalten müssen, ob nur die GS oder die durch sie gesicherte Forderung oder aber beides übertragen werden soll.

Kann die GS vom Nichtberechtigten gutgläubig erworben werden? Denken Sie bei Ihrer Antwort an die Fallgruppen des gutgläubigen Erwerbs bei der Hypothek.

1. Fallgruppe: Die Grundschuldbestellung zwischen SG und Gl ist unwirksam:

- **Ein Dritter kann von Gl eine Buch-GS gem. § 892 BGB gutgläubig erwerben**.
- **Eine Brief-GS kann ein Dritter gem. § 892 BGB gutgläubig von Gl erwerben**. Wurde die vermeintliche Brief-GS schon mehrere Male abgetreten, ohne dass die Abtretung ins GB eingetragen wurde, kann der Nichtberechtigte gem. § 1155 BGB i.V.m. § 892 BGB erwerben.

2. Fallgruppe: Die zu sichernde Forderung besteht nicht:

Besteht die zu sichernde Forderung nicht, war die GS-Bestellung aber wirksam, entsteht anders als bei fehlender hypothekarisch gesicherter Forderung keine vorläufige EGS gem. § 1163 I S. 1 BGB. Diese Vorschrift gilt für die GS gerade nicht. Die Entstehung einer GS ist vom Bestand einer zu sichernden Forderung unabhängig. Bei einer Übertragung der vermeintlichen Forderung und der existierenden GS von Gl auf den Dritten kann der Abtretungsempfänger **zwar keine Forderung** gegen S erhalten, denn diese besteht ja gerade nicht. **Dem Erwerb der GS steht jedoch nichts entgegen, selbst wenn der Dritte vom Fehlen der zu sichernden Forderung wusste. Denn der Dritte erwirbt nicht kraft guten Glaubens vom Nichtberechtigten, sondern vom Berechtigten**. *Der Fiktion des § 1138 BGB bedarf es nicht.*

3. Fallgruppe: Sowohl GS als auch zu sichernde Forderung bestehen nicht:

Die Forderung kann vom Dritten nicht gutgläubig erworben werden. **Ein gutgläubiger Erwerb der GS ist jedoch gem. § 892 BGB oder §§ 1155, 892 BGB (siehe 1.) möglich.**

hemmer-Methode: Das Entstehen, Bestehen und Übertragen der GS ist - anders als bei der Hypothek - nicht von der Existenz einer zu sichernden Forderung abhängig. Die GS wird nicht als Anhängsel der Forderung erworben, sondern kann selbständig übertragen werden. Demzufolge bedarf es bei der GS der Regelung aus § 1138 BGB nicht. Das Bestehen einer tatsächlich nicht bestehenden Forderung muss für einen gutgläubigen Erwerb der GS nicht fingiert werden, da die GS völlig unabhängig vom Bestand einer gesicherten Forderung ist. Wenden Sie also nie § 1138 BGB auf die GS an. Das wäre genau wie die Anwendung von §§ 1137 oder 1153 BGB auf die GS eine „Todsünde".

Die SiÜ wird i.d.R. gem. §§ 929, 930 BGB vollzogen. Der SN erwirbt dadurch Volleigentum und kann als Berechtigter einem Dritten gem. §§ 929 S. 1, 931 BGB das Eigentum am Sicherungsgegenstand verschaffen. Der SG kann eine solche Verfügung auch dann nicht verhindern, wenn er mit dem SN/Gl eine Verfügungsbeschränkung vereinbart. Eine solche Vereinbarung hat gem. § 137 BGB keine dingliche Wirkung gegenüber einem Dritten.

Zur Sicherung einer Darlehensforderung hat S dem Gl seinen Lkw übereignet. Der Lkw ist dabei im Besitz des S geblieben. Gl tritt nun die gesicherte Forderung an D ab und übereignet ihm den Lkw gem. §§ 929 S. 1, 931 BGB. S, der davon nichts weiß, zahlt an Gl. D verlangt von S nun Zahlung und außerdem Herausgabe des Lkw

Wie ist die Rechtslage, wenn die SiÜ unter der auflösenden Bedingung der Rückzahlung des Darlehens erfolgte?

1. Anspruch des D gegen S aus § 488 i.V.m. § 398 S. 2 BGB

D hat den Anspruch gegen S gem. § 398 BGB erworben. S, der von dieser Abtretung keine Kenntnis hatte, hat die **Forderung** jedoch **durch seine Zahlung an Gl gem. § 407 I BGB i.V.m. § 362 I BGB zum Erlöschen** gebracht.

2. Herausgabeanspruch des D gegen S gem. § 985 BGB

D könnte Eigentum am Lkw gem. §§ 929 S. 1, 931 BGB erworben haben.

Die zwischen S und Gl vereinbarte auflösende Bedingung der Übereignung wirkt jedoch gem. § 161 I i.V.m. II BGB auch gegen D. Mit Rückzahlung des Darlehens ist damit grds. die Übereignung an D unwirksam geworden, **es sei denn, D hat gem. § 161 III i.V.m. § 936 BGB gutgläubig lastenfrei von Gl das Eigentum am Lkw erworben.**

Der Regelung des § 161 III BGB liegt dabei folgende Erwägung zugrunde*: Wenn sogar ein Nichtberechtigter gem. §§ 932 ff. BGB das Eigentum des Berechtigten untergehen lassen kann, so muss erst recht das Anwartschaftsrecht untergehen, wenn der berechtigte Eigentümer über die Sache verfügt. § 161 III BGB verweist auf § 936 BGB, der das Erlöschen von Rechten Dritter beim gutgläubigen Erwerb regelt.*

S hat aufgrund der auflösenden Bedingung ein Anwartschaftsrecht am Lkw erlangt, das ein Recht i.S.d. § 936 I BGB darstellt. Allerdings ist S immer noch im unmittelbaren Besitz des Lkw. Damit konnte D nicht gutgläubig lastenfrei erwerben, § 936 III BGB. Das Gesetz schützt hier den Anwartschaftsberechtigten aufgrund seines Besitzes mehr als den Erwerber aufgrund seines guten Glaubens. Das Sicherungseigentum ist gem. § 161 II BGB mit Rückzahlung des Darlehens von D an S zurückgefallen.

D hat keinen Herausgabeanspruch gegen S aus § 985 BGB.

hemmer-Methode: Zur Rechtslage, wenn S und Gl vereinbart haben, dass bei Rückzahlung des Darlehens S einen Rückübertragungsanspruch hinsichtlich des Sicherungsgegenstandes haben soll, siehe KK 83.

Merken Sie sich noch: Ist die SiÜ unwirksam und überträgt der SN sein vermeintliches Sicherungseigentum auf einen Dritten, kann dieser unter den Voraussetzungen des § 934 BGB Eigentümer werden.

Bei der SiZession müssen Sie die gesicherte Forderung und die sichernde Forderung streng voneinander unterscheiden. Wird die gesicherte Forderung übertragen, geht die sichernde Forderung nicht gem. § 401 BGB mit über. War die Sicherungszession unwirksam und will der SN nun die vermeintlich sichernde Forderung auf einen Dritten übertragen, kann der Dritte die Forderung nicht erwerben, da ein gutgläubiger Forderungserwerb grds. nicht möglich ist.

SG hat seine Kaufpreisforderung gegen Dritt-S zur Sicherung an den Gl abgetreten. Die Sicherungsabtretung war durch die Erfüllung der gesicherten Forderung auflösend bedingt. SG und Gl vereinbaren weiterhin, dass die sichernde Forderung von Gl nicht an Dritte abgetreten werden kann. Gl veräußert die Forderung daraufhin an Z. Kurz danach begleicht SG die gesicherte Schuld bei Gl.

Z verlangt nun von Dritt-S Zahlung aus § 433 II BGB.

Anspruch des Z gegen Dritt-S gem. § 433 II i.V.m. § 398 S. 2 BGB.

Z könnte die Forderung gegen Dritt-S gem. § 398 BGB von Gl erworben haben. **Eine getrennte Übertragung der Forderungen ist grundsätzlich möglich.**

Fraglich ist aber, ob der Forderungserwerb durch den von Gl und SG vereinbarten Abtretungsausschluss verhindert wurde. **Der vereinbarte Abtretungsausschluss ist** keine Verfügungsbeschränkung, sondern **eine Inhaltsbestimmung der Forderung. Den Inhalt der Forderung können jedoch nur die Parteien des forderungsbegründenden Rechtsverhältnisses festlegen. Ein Abtretungsausschluss gem. § 399 2.Alt. BGB ist demnach nur möglich zwischen Gl (= SG) und S (= Dritt-S) und nicht zwischen Alt-Gl (= SG) und Neu-Gl (= Gl**). Damit ist der Abtretungsausschluss nicht wirksam, Z hat die Forderung gem. § 398 BGB zunächst erwerben können.

Der Forderungserwerb des Z könnte jedoch gem. § 161 I i.V.m. II BGB unwirksam sein. Gem. § 161 I i.V.m. II BGB werden die Verfügungen, die während der Schwebezeit (= bis zur Erfüllung der gesicherten Forderung) vorgenommen wurden, mit Bedingungseintritt relativ unwirksam. **Da SG und Gl vereinbart hatten, dass die Sicherungsabtretung durch die Erfüllung der gesicherten Forderung auflösend bedingt sein soll, hat SG ein Anwartschaftsrecht an der Forderung erworben. Dieses Anwartschaftsrecht kann Z nicht gutgläubig wegerwerben**. Da es keinen gutgläubigen Forderungserwerb gibt (Ausnahme: § 405 BGB), kann eine Forderung auch nicht gutgläubig lastenfrei erworben werden. § 161 III BGB verweist bzgl. des Forderungserwerbes also „ins Leere" (Ausnahme: § 405 BGB). Mit Erfüllung der gesicherten Forderung ist die Kaufpreisforderung gegen Dritt-S wieder dem SG zugefallen, § 161 I i.V.m. II BGB. **Z hat keinen Anspruch gegen Dritt-S aus § 433 II BGB**.

hemmer-Methode: War die Sicherungsabtretung nicht auflösend bedingt, sondern sollte der SG nach Erfüllung der gesicherten Forderung nur einen schuldrechtlichen Anspruch auf Rückübertragung haben, ergibt sich im Fall folgende Rechtslage: Z kann als Berechtigter bei Dritt-S die Forderung einziehen, § 161 I i.V.m. II BGB greift nicht ein. Zwar hätte SG einen Anspruch auf Rückübereignung der Kaufpreisforderung nach Erfüllung der gesicherten Forderung. Dieser Anspruch steht ihm aber nur gegen Gl zu. Z war nicht Partei des Sicherungsvertrages zwischen SG und Gl, deshalb kann der schuldrechtliche Rückübertragungsanspruch des SG nicht ihm gegenüber entstehen. Auch Dritt-S kann einer Inanspruchnahme durch Z keine Einreden aus dem Verhältnis Gl - SG entgegenhalten. Zieht Z also die Forderung bei Dritt-S ein, bleibt SG lediglich ein Schadensersatzanspruch gegen Gl, da dieser die Forderung nicht mehr zurückübertragen kann.

Tritt der EV-Verkäufer/Gl die durch den EV gesicherte Kaufpreisforderung an einen Dritten ab, dann geht das Vorbehaltseigentum nicht gem. § 401 BGB mit über.

Gl verkauft an S einen Oldtimer unter EV. S nimmt den Wagen gleich mit. Am nächsten Tag kommt D, der das Auto schon lange bewundert hat, bei Gl vorbei und möchte es sofort kaufen. Gl und D vereinbaren einen Kaufpreis, den D sofort entrichtet. Zum Verbleib des Oldtimers erklärt Gl, dass er es zu einer Ausstellung gegeben hat und dem D für jeden Tag bis zur Rückgabe Miete zahlen wolle. Zwei Wochen später bringt S den Wagen wegen eines Mangels zu Gl zurück. Der ruft sofort D an, der von all den Machenschaften des Gl nichts ahnt. D holt das Auto flugs ab. Später überweist S den vereinbarten Kaufpreis.

Wer ist Eigentümer des Oldtimers?

D **könnte gem. §§ 929 S. 1, 930 BGB von Gl das Eigentum erlangt haben**. Eine **Einigung gem. § 929 S. 1 BGB** liegt vor. Vss. des § 930 BGB ist, dass der Veräußerer unmittelbarer oder mittelbarer Besitzer der Sache ist. **Gl war aufgrund des EV noch mittelbarer Besitzer**, da ihm bis zur vollständigen Bezahlung ein Herausgabeanspruch gegen S zusteht. **BMV i.S.d. §§ 930, 868 BGB zwischen Gl und D ist** der zwischen ihnen abgeschlossene **Mietvertrag** für die Dauer der vermeintlichen Ausstellung.

Gl hat als Berechtigter über den Oldtimer verfügt, denn bis zur vollständigen Kaufpreiszahlung durch S (die ja erst nach der Einigung zwischen Gl und D erfolgte) war Gl ja noch Eigentümer des Wagens**. Damit hat D das Eigentum von Gl erlangt.**

Das Eigentum könnte jedoch durch die Zahlung des Kaufpreises durch S gem. § 161 I BGB untergegangen sein. **S hatte mit Vereinbarung des EV ein Anwartschaftsrecht an dem Oldtimer erlangt**. **Mit Eintritt der Bedingung,** d.h. vollständiger Zahlung des Kaufpreises, **erstarkt dieses Anwartschaftsrecht grds. zum Vollrecht. Es gilt § 161 I BGB: Verfügungen, die während der Schwebezeit über die Sache getroffen wurden, werden im Zeitpunkt des Bedingungseintritts relativ unwirksam**. **Das Anwartschaftsrecht des S könnte** jedoch durch die Veräußerung des Gl an D **untergegangen sein, wenn D das Eigentum gutgläubig lastenfrei gem. § 161 III, § 936 I BGB erworben hat.** Das Anwartschaftsrecht des EV-Käufers ist ein Recht i.S.d. § 936 I BGB. Da die Veräußerung an D gem. § 930 BGB erfolgte, greift § 936 I 3 BGB ein. Im Zeitpunkt der Begründung des Mietverhältnisses hat Gl dem D noch nicht den von § 936 I 3 BGB gemeinten unmittelbaren Besitz eingeräumt. Mit dieser Veräußerung ging das Anwartschaftsrecht noch nicht unter. Es könnte aber mit Aushändigung des Oldtimers an D untergegangen sein. **Mit der Aushändigung des Oldtimers hat D unmittelbaren Besitz erlangt. Er war zudem gutgläubig gem. §§ 936 II, 932 BGB. Auch greift § 935 BGB nicht ein**, der i.R.d. § 936 ebenfalls geprüft werden muss. Es liegt kein Verlust des unmittelbaren Besitzes des S vor, da Gl als gleichberechtigter Vertragspartner des S nicht sein Besitzdiener gem. § 855 BGB war. Zwar war S, nachdem er den Wagen zur Reparatur vorbeigebracht hat, mittelbarer Besitzer. § 935 I 2 BGB greift jedoch nicht ein, da der unmittelbare Besitzer Gl den Oldtimer freiwillig an D herausgegeben hat. **D hat damit gutgläubig lastenfrei Eigentum am Oldtimer erworben**.

hemmer-Methode: § 936 III BGB greift nicht ein, da keine Veräußerung gem. §§ 929 S. 1, 931 BGB zwischen Gl und D vorlag. Lesen Sie zur Regelung des § 936 BGB nochmals SachenR II , Rn. 113 ff.

Zusammenfassung

Ein gutgläubiger Erwerb von Sicherungsmitteln ist grds. möglich. Dabei muss allerdings zwischen den verschiedenen Sicherungsmitteln unterschieden werden.

Fassen Sie nochmals die Voraussetzungen eines gutgläubigen Erwerbs bei den verschiedenen Sicherungsmitteln zusammen!

1. Bürgschaft: Kein gutgläubiger Erwerb der Rechtsstellung des durch die Bürgschaft Begünstigten möglich.

2. Hypothek: Der Gl überträgt die hypothekarisch gesicherte Forderung auf einen Dritten.

- Die zu **sichernde Forderung existiert**, die Hypothekenbestellung leidet jedoch an einem Mangel, der die Hypothek nicht hat entstehen lassen: Gutgläubiger Erwerb gem. § 892 BGB möglich, evtl. i.V.m. § 1155 BGB.
- Die zu **sichernde Forderung besteht nicht**, ansonsten liegen alle EntstehungsVss. der Hypothekenbestellung vor: Gutgläubiger Erwerb nach §§ 1138, 892 BGB möglich.
- Fallgruppe (1) und (2) kombiniert beim **sog. Doppelmangel**: Die zu sichernde Forderung existiert nicht, und die Hypothek ist auch aus einem anderen Grund nicht entstanden.

3. Pfandrecht: kein gutgläubiger Erwerb eines Pfandrechts möglich.

4. Schuldbeitritt: Die vermeintliche Sicherung aus einem unwirksamen Schuldbeitritt, kann nicht gutgläubig erworben werden, da es einen gutgläubigen Forderungserwerb nicht gibt (Ausnahme § 405 BGB).

5. SiGS: Ist GS-Bestellung unwirksam, ist gutgläubiger Zweiterwerb gem. § 892 BGB/ §§ 892, 1155 BGB möglich.

6. SiÜ: Ist die SiÜ unwirksam und überträgt der SN sein vermeintliches Sicherungseigentum an einen Dritten, kann dieser gem. §§ 932 ff. BGB gutgläubig Eigentum erwerben. Bei einer Übereignung von SiEigentum müssen Sie immer auch noch an einen möglichen gutgläubigen lastenfreien Eigentumserwerb denken, §§ 161 III, 936 BGB.

7. SiZession: Kein gutgläubiger Erwerb, da es keinen gutgläubigen Forderungserwerb gibt (Ausnahme § 405 BGB)

8. Eigentumsvorbehalt: Der Vorbehaltsverkäufer kann sein Vorbehaltseigentum isoliert von der Kaufpreisforderung übertragen. Er verfügt als Berechtigter. Es ist jedoch immer § 161 BGB zu beachten.

hemmer-Methode: H/W, KreditsR, Rn. 245-288.

S und SG können Einreden gegen die gesicherte Forderung bzw. Sicherheit zustehen. Überträgt der Gl und SN nun Forderung und Sicherheit auf einen Dritten, ist es möglich, dass S und SG ihre Einreden auch gegenüber dem Dritten geltend machen können. Aber es kann auch sein, dass sie durch einen gutgläubigen lastenfreien Erwerb des Dritten ihre Rechtsinhaberschaft an den Gegenrechten (Einreden) verlieren. Das Gesetz sieht jedoch nicht bei allen Sicherungsmitteln einen gutgläubigen einredefreien Erwerb vor.

S hat bei Gl ein Darlehen von 1 Mio. € aufgenommen, dessen Rückerstattung nicht vor Ablauf von 3 Jahren von Gl gefordert werden können soll. Gl tritt nun die Forderung an D ab, der bereits vor Ablauf der 3 Jahre dem S das Darlehen kündigt und das Geld verlangt.

1. **Hat D einen entsprechenden Anspruch gegen S?**
2. **Können Bürgschaft und Schuldbeitritt gutgläubig lastenfrei von einem Dritten erworben werden?**

1. D hat aus § 488 BGB i.V.m. § 398 S. 2 BGB einen Anspruch gegen S i.H.v. 1 Mio. €.

Fraglich ist, ob S ihm die Einrede entgegensetzen kann, dass der Gl die Forderung gestundet hat und diese damit noch nicht fällig ist.

Wenn die gesicherte Forderung übertragen wird, bleiben dem persönlichen Schuldner die Einwendungen, die er vorher gegenüber dem Alt-Gl hatte, gem. § 404 BGB auch gegenüber dem neuen Gläubiger erhalten. Über § 404 BGB soll der Schuldner vor Nachteilen, die ein Gläubigerwechsel mit sich bringt, geschützt werden. Da für eine wirksame Forderungsabtretung seine Zustimmung nicht erforderlich ist, darf er nach der Abtretung gegenüber dem neuen Gläubiger nicht schlechter stehen als gegenüber dem Alt-Gl. **So wie das Gesetz keinen gutgl. Erwerb einer Forderung kennt, kennt es auch nicht den gutgläubigen einredefreien Forderungserwerb.**

Damit ist der Anspruch des D aus § 488 i.V.m. § 398 S. 2 BGB gegen S noch nicht durchsetzbar. **Über § 404 BGB kann S dem D die Einrede der fehlenden Fälligkeit entgegenhalten.**

2. Durch die Personalsicherheit erlangt der SN einen weiteren schuldrechtlichen Anspruch, der seine Forderung sichern soll:

- Der **Anspruch gegen den Bürgen geht durch Übertragung der gesicherten Forderung gem. § 401 BGB auf den Dritten mit über. Über §§ 412 (lesen!), 401 BGB ist dann aber wieder § 404 BGB anwendbar**. Dem SG bleiben alle Gegenrechte erhalten, die ihm schon gegenüber dem Alt-Gl zustanden.

- **Das Gleiche gilt beim Schuldbeitritt**. Durch Abtretung des gesicherten Anspruchs geht gem. § 401 analog (dazu KK 70) die Forderung gegen den SG auf den Dritten mit über. **Über §§ 412, 401 BGB analog bleiben dem SG dann wiederum alle Einreden, die ihm gegen den AltGl zustanden, erhalten**.

hemmer-Methode: Merken Sie sich noch im Rahmen des § 404 BGB: Die Einwendungen müssen im Zeitpunkt der Abtretung begründet gewesen sein. Das heißt jedoch nicht, dass alle ihre TatbestandsVSS in diesem Zeitpunkt bereits vorgelegen haben müssen. Es reicht, dass die Einwendungen ihrem Grunde nach im Schuldverhältnis angelegt waren.

Einem Anspruch gem. § 1147 BGB kann der SG zwei Arten von Einreden entgegenhalten: Die pfandrechtsbezogenen Einreden, die aus dem SiV zwischen Gl und SG stammen, und die schuldnerbezogenen Einreden, § 1137 BGB (KK Nr. 54). Hinsichtlich der pfandrechtsbezogenen Einreden ist ein gutgl. einredefreier Erwerb der Hypothek durch einen Dritten über § 1157 S. 2 BGB möglich, bezüglich der schuldnerbezogenen Einreden über § 1138 BGB.

S kauft vom Gl ein Hausgrundstück für 1 Mio. €. Zur Sicherung des Kaufpreises bestellt S dem Gl eine Briefhypothek an seinem Grundstück. Auf dem Brief ist vermerkt, dass die Hypothek erst in 3 Jahren verwertet werden darf. Diese Vereinbarung wurde nicht ins GB eingetragen. Nach einem halben Jahr stellt sich heraus, dass das Grundstück erheblich mit Schwermetallen belastet ist, was S sofort Gl mitteilt. Gl hat indessen die „Hypothek" an D weiterveräußert, der von all dem nichts weiß. D möchte sich, da S sich weigert zu zahlen, bereits vor Ablauf der 3 Jahre aus dem Grundstück befriedigen.

Was kann S tun? D hat durch Abtretung der gesicherten Forderung nach §§ 1154, 398 BGB die Hypothek erworben, § 1153 I BGB. Fraglich ist, ob seinem Anspruch aus § 1147 BGB Einreden entgegenstehen.

1. Pfandrechtsbezogene Einreden

S hätte Gl einer Inanspruchnahme vor 2011 die **Einrede der Nichtverwertbarkeit** der Hypothek entgegensetzen können. Diese Einrede ergibt sich aus dem SiV zwischen S und D und kann durch S gegenüber Gl als eigenes Recht gegen einen Anspruch aus § 1147 BGB geltend gemacht werden. **Gem. § 1157 S. 1 BGB steht S diese Einrede auch nach Übertragung der Hypothek gegenüber dem neuen Gläubiger D zu, es sei denn, D hat die Hypothek gutgläubig lastenfrei gem. § 1157 S. 2 BGB erworben.**

Nach § 1157 S. 2 BGB kann der SG die pfandrechtsbezogenen Einreden an einen gutgl. Erwerber nur verlieren, wenn sie nicht im GB eingetragen sind (§§ 892 I, 894 BGB), **sie nicht aus dem Hypothekenbrief oder der Urkunde** gem. § 1155 BGB **hervorgehen** (§ 1140 BGB), oder **sie nicht durch Widerspruch gesichert** sind (§§ 1140 S. 2, 899 BGB).

Im Fall war die **Vereinbarung der Nichtverwertbarkeit** vor 3 Jahren zwar nicht im GB eingetragen, sie ergab sich jedoch **aus dem Hypothekenbrief**. Gem. § 1140 BGB kann sich D damit nicht auf § 892 BGB berufen. Ein gutgläubiger „Wegerwerb“ der pfandrechtsbezogenen Einrede liegt nicht vor.

2. Schuldnerbezogene Einreden

S steht gegen den Kaufpreisanspruch die **Mängeleinrede gem. § 438 IV S. 2 BGB** zu, **die ihm gem. § 404 BGB auch gegen den neuen Gläubiger zusteht. Über § 1137 I BGB kann S die Mängeleinrede auch einem Anspruch aus § 1147 BGB entgegensetzen, es sei denn, § 1138 BGB greift ein.** Da die Mängeleinrede weder im GB eingetragen war, noch D von der Schwermetallbelastung des Grundstücks wusste, hat D die Hypothek gem. 1138 BGB gutgläubig lastenfrei hinsichtlich der Einrede aus § 438 IV S. 2 BGB erworben.

D kann seinen Anspruch aus § 1147 BGB nicht durchsetzen, wenn S die Einrede aus dem SiV erhebt.

hemmer-Methode: Gegenüber dem Anspruch aus § 433 II BGB könnte S die Mängeleinrede (§ 438 IV S. 2 BGB) weiterhin geltend machen, § 404 BGB. Einen gutgläubigen lastenfreien Forderungserwerb gibt es nicht.

Lösen Sie zum Thema gutgl. lastenfreier Erwerb bei der Hypothek noch folgenden Fall:

S hat von Gl ein Hausgrundstück im Wert von 1,2 Millionen € gekauft und erst ein Drittel gezahlt. Zur Sicherung des Restkaufpreises bestellt SG, ein Freund des S, dem Gl eine Hypothek an seinem Grundstück. S und Gl hatten vereinbart, dass die Kaufpreisforderung nicht auf Dritte übertragen werden dürfe. Eine Eintragung dieser Vereinbarung ins Grundbuch erfolgte nicht. Gl hat nun die „Hypothek" an D veräußert. D will nun S aus der Kaufpreisforderung und SG aus der Hypothek in Anspruch nehmen. Allerdings hat Gl dem S das Grundstück noch gar nicht übereignet.

Sind die Ansprüche des D gegen S und SG durchsetzbar?

1. Anspruch des D aus der Forderung gem. § 433 II i.V.m. §§ 398, 1154 BGB.

Die **Auslegung gem. §§ 133, 157 BGB** der Erklärungen der Parteien ergibt, dass sie sich über den **Forderungsübergang** geeinigt haben, da eine isolierte Abtretung der Hypothek ohne gleichzeitige Abtretung der Forderung nicht möglich ist. **Allerdings konnte D die Forderung nicht erwerben, da die Abtretbarkeit der Forderung durch Vereinbarung mit S ausgeschlossen wurde, § 399, 2.Alt. BGB**. Insoweit liegt kein Forderungserwerb vor.

2. Anspruch des D aus der Hypothek gem. § 1147 BGB.

Fraglich ist, ob D überhaupt die Hypothek erwerben konnte, schließlich kann diese nur durch die Übertragung der gesicherten Forderung auf einen Erwerber übergehen, § 1153 II BGB. Die Kaufpreisforderung konnte gem. § 399, 2.Alt BGB jedoch nicht abgetreten werden.

Dann stellt sich jedoch die Frage, ob D nicht wenigstens die Hypothek gutgl. erwerben konnte. **D hätte die Hypothek von Gl sogar erwerben können, wenn dieser überhaupt nicht Inhaber der Forderung gewesen wäre. Er muss sie dann erst recht erwerben können, wenn Gl Inhaber einer nicht abtretbaren Forderung ist,** denn § 1138 BGB bewirkt, dass die Forderung als so bestehend gilt, wie sie im GB eingetragen ist.

D hat die Hypothek gem. §§ 1138, 892 BGB gutgläubig erworben und ist damit grds. **Inhaber einer forderungsentkleideten Hypothek**. Nach herrschender Meinung (vgl. KK 68) folgt **die Forderung der Hypothek nicht nach**.

Fraglich ist, welche Einreden SG dem D ggf. entgegenhalten kann. **S könnte** gegenüber dem Anspruch des Gl aus § 433 II BGB **die Einrede des nicht erfüllten Vertrages gem. § 320 BGB geltend machen.**

SG kann die Einrede aus § 320 BGB gem. § 1137 I BGB auch dem Anspruch aus § 1147 BGB entgegenhalten. **Sie nützt ihm jedoch nur, wenn D** bei Erwerb hinsichtlich der einredebegründenden Tatsachen des § 320 BGB nicht gutgläubig war und **sie nicht gem. 1138 BGB wegerworben hat.**

hemmer-Methode: Verdeutlichen Sie sich das Endergebnis im Falle der Gutgläubigkeit des D. SG könnte trotz Nichterfüllung des KV seitens des Gl zur unbeschränkten Duldung verurteilt werden, obwohl S nur zur Leistung Zug um Zug verurteilt werden kann.

Für den gutgl. lastenfreien Erwerb ist maßgeblich, wann die Einwendungen und Einreden entstanden sind. Sind sie vor dem Erwerb der Hypothek durch einen Dritten entstanden, wird der Dritte über §§ 892, 1138, 1157 BGB geschützt. Sind sie nach dem Erwerb begründet worden, gilt § 1156 BGB.

Eine Darlehensforderung des Gl gegen S ist durch eine Briefhypothek am Grundstück des S gesichert. Am 01.01. überträgt Gl die Forderung und Hypothek wirksam auf D. Am 01.02. bezahlt S seine Schulden bei Gl, von der Abtretung an D weiß er nichts. Am 01.03. will D den S in Anspruch nehmen.

Was kann S tun?

1. Anspruch des D gegen S aus § 488 i.V.m. § 398 S. 2 BGB.

D hat den Anspruch aus § 488 BGB gem. §§ 1154, 398 BGB erworben. **Mit Zahlung des S an Gl, der von der Abtretung an D nichts wusste, ist die Darlehensforderung jedoch gem. §§ 362 i.V.m. 407 BGB erloschen**.

2. Anspruch des D gegen S aus § 1147 BGB.

Gem. § 1153 I BGB hat D mit Abtretung der Darlehensforderung die Hypothek erworben. Die Darlehensforderung ist jedoch durch Zahlung des S an Gl, die nach der Abtretung erfolgte, erloschen**. Grds. zieht das Erlöschen der gesicherten Forderung die Umwandlung der Hypothek in eine EGS nach sich**, §§ 1163 I S. 2, 1177 I BGB. **Dieses Ergebnis wird jedoch in bestimmten Fällen durch § 1156 BGB verhindert**. **„In Ansehung der Hypothek" gelten die Vorschriften §§ 406 bis 408 BGB nicht: Das bedeutet, dass die Hypothek als forderungsentkleidete Hypothek fortbesteht, obwohl die zu sichernde Forderung nach §§ 406 bis 408 BGB erloschen ist**. Im Verhältnis von SG und Erwerber finden die §§ 406 bis 408 BGB insoweit keine Anwendung, wie die Hypothek betroffen ist.

Sinn und Zweck *der Vorschrift* ***des § 1156 BGB*** *ist es, die Verkehrsfähigkeit der Hypothek zu erhalten. Diese wäre nämlich erheblich beeinträchtigt, wenn der SN nach seinem Erwerb ständig damit rechnen müsste, neben der gesicherten Forderung auch seine Hypothek zu verlieren, sobald der Dritt-S durch Zahlung an den S die gesicherten Forderung zum Erlöschen gebracht hat. Kein Erwerber würde ein solches Risiko auf sich nehmen.*

Die Forderung des D aus § 488 BGB ist zwar gem. §§ 362 i.V.m. 407 BGB durch Zahlung an den Alt-Gl erloschen, **gem. § 1156 BGB behält D jedoch eine forderungsentkleidete Hypothek. D hat einen Anspruch aus § 1147 BGB**. S kann die Zwangsvollstreckung jedoch dadurch verhindern, indem er auf die fiktiv gesicherte Forderung hin zahlt, gem. § 1142 BGB.

hemmer-Methode: Zwar ist die Darlehensforderung des D erloschen. D hat aber gegen Gl einen Anspruch aus § 816 II BGB, da S an Gl als Nichtberechtigten geleistet hat. Forderungsinhaber war im Zeitpunkt der Zahlung bereits D.

SiGS

Der SG kann einem Anspruch des Gl aus der SiGS Einreden, die direkt aus dem SicherungsV resultieren (= pfandrechtsbezogene Einreden), entgegenhalten. Er kann sich aber auch über den SicherungsV auf schuldnerbezogene Einreden berufen (Achtung: § 1137 BGB gilt nicht – Akzessorietät!). Erwirbt ein Dritter die SiGS, kann der SG über § 1192 Ia BGB gegenüber dem Erwerber sowohl die schuldnerbezogenen (wenn sich SG auf sie über den Sicherungsvertrag berufen kann) als auch die pfandrechtsbezogenen Einreden geltend machen.

SG bestellt Gl zur Sicherung einer Kaufpreisschuld gegen S eine SiGS. Gl überträgt nur die GS auf D. Vor dem Erwerb der GS durch D bezahlte S den Kaufpreis, was D nicht wusste. Nun nimmt D den SG aus der GS in Anspruch.

Kann sich SG darauf berufen, dass die zu sichernde Kaufpreisforderung erloschen ist?

D könnte gem. §§ 1192 I, 1147 BGB von SG Duldung der Zwangsvollstreckung in das Grundstück verlangen, wenn SG nicht die **Einrede der Tilgung** erheben könnte.

Bei der Einrede der Tilgung handelt es sich um eine **schuldnerbezogene Einrede**, die aus dem forderungsbegründenden Schuldverhältnis, dem Kaufvertrag resultiert. **Auf diese Einrede kann sich der SG über den Sicherungsvertrag berufen. Dieser regelt nämlich, dass der Gl die GS nur i.R.d. gesicherten Forderung geltend machen darf**. Da die Einrede der Tilgung aus dem Sicherungsvertrag abgeleitet wird, wirkt diese schuldnerbezogene Einrede über § 1192 Ia BGB auch gegenüber dem Erwerber der GS.

SG kann also über § 1192 Ia BGB gegenüber D die Einrede der Tilgung erheben. Die Gutgläubigkeit nützte dem D – anders als bei der Hypothek – nichts. Gem. § 1192 Ia BGB gilt § 1157 S. 2 BGB nicht. Ein gutgl. lastenfreier Erwerb kommt also selbst dann nicht in Betracht, wenn eintragungsfähige Rechte aus dem SicherungsV nicht ins GB eingetragen wurden und der Erwerber gutgläubig war.

Wurde die Grundschuld erstmals nach alter Rechtslage übertragen und ist dabei eine Einrede gutgläubig wegerworben worden, lebt diese Einrede bei erneuter Übertragung nach neuem Recht aber nicht wieder auf, BGH, **Life&Law 2014, 97 ff.** = **juris**byhemmer.

hemmer-Methode: § 1192 Ia BGB führt dazu, dass die Grundschuld im Bereich der Übertragung (!) nun plötzlich akzessorischer, d.h. stärker an die Forderung gebunden ist, als die Hypothek. Eine Diskussion, die bereits geführt wird, ist die, ob § 1192 Ia BGB nicht analog auf die Hypothek angewendet werden müsste. Das erscheint aufgrund der gesetzlichen Systematik (§ 1192 I BGB verweist für die Grundschuld auf das Hypothekenrecht und nicht umgekehrt) sehr problematisch!

Bei der Sicherungsgrundschuld gibt es demnach keinen einredefreien Erwerb mehr bezogen auf Einreden, die dem Sicherungsvertrag entstammen. Gleichwohl sollten Sie hinsichtlich des Entstehungszeitpunkts der Einrede noch differenzieren (§ 1192 Ia BGB: „auf Grund des Sicherungsvertrages mit dem bisherigen Gläubiger gegen die GS zustehen ***oder*** sich aus dem Sicherungsvertrag ergeben…“).

SG hat für eine Schuld des S dem Gl eine SiGS an seinem Grundstück bestellt. S tilgt seine Schuld bei Gl durch regelmäßige Ratenzahlung. In Kenntnis dieser Zahlungen erwirbt D die SiGS von Gl. Das Grundstück wurde mittlerweile an X veräußert, der bereits als Eigentümer im GB eingetragen ist. Nachdem S den Kredit vollständig bei Gl abgetragen hat, will D aus der SiGS vorgehen.

Muss X die Zwangsvollstreckung dulden?

D hat als Inhaber der GS gegen X einen Anspruch auf Duldung der Zwangsvollstreckung, §§ 1192 I, 1147 BGB. Fraglich ist jedoch, ob X gegen den Anspruch des D die **Einrede der Tilgung** geltend machen kann. Bei der Einrede der Tilgung handelt es sich um eine **schuldnerbezogene Einrede, die über den SicherungsV gegen die GS geltend gemacht werden kann. X war jedoch nicht Partei des Sicherungsvertrages. Die Einrede kann er also nur geltend machen, wenn ihm die zugrunde liegenden Rechte aus dem SicherungsV bei der Übereignung von SG an X mitabgetreten wurden. Von einer solchen evtl. stillschweigenden Abtretung ist nach der Interessenlage der Parteien aber regelmäßig auszugehen**. Denn schließlich haftet X hier mit dem Grundstück. Es wäre dann nicht interessengerecht, wenn ihm die Rechte aus dem SicherungsV nicht mitabgetreten worden wären.

Damit kann **X gem. §§ 1157 S. 1, 1192 I BGB die Einrede der Tilgung** gegen den neuen Inhaber der GS geltend machen. **Ein gutgläubig lastenfreier Erwerb scheidet gem. § 1192 Ia BGB aus, weil § 1157 S. 2 BGB nicht gilt. § 1157 S. 2 BGB** ist jedoch **nur anwendbar, wenn die Einreden vor dem Erwerb der GS begründet** waren, **für Einreden nach dem Erwerb gelten §§ 1192, 1156 BGB,** bei dem es auf die Redlichkeit des Erwerbers nicht ankommt. **Fraglich ist hier also, wann die einredebegründenden Tatsachen entstanden sind.** Die **gesamte Tilgung** der Schuld ist erst mit der letzten Ratenzahlung eingetreten, die **erst nach Erwerb der GS durch D** erfolgte. Allerdings hatte die Ratenzahlung und damit die **teilweise Tilgung der Schuld bereits vor dem Erwerb** der GS begonnen. **Stellt sich die Einrede jedoch lediglich als Weiterentwicklung einer vor dem Erwerb bereits begonnenen Sachlage dar, dann ist § 1157 BGB anwendbar.** Schließlich konnte X dem D zunächst die Einrede der ordnungsgemäßen laufenden Tilgung entgegenhalten, §§ 1157 S. 1, 1192 I BGB. Das ist ein vorläufiges Gegenrecht. Hat S die Schuld aber endgültig beglichen, so ist es nur konsequent, X nun die Einrede der Tilgung zuzubilligen.

Da D von der Ratenzahlung des S bei Erwerb Kenntnis hatte, also bösgläubig i.S.d. § 1157 S. 2 BGB war, kommt es auf § 1192 Ia BGB letztlich gar nicht an. **X kann die Vollstreckung mit der dauernden Einrede der Tilgung verhindern.**

hemmer-Methode: Aber auch wenn es um eine Einrede gegen die Forderung geht, die erst nach Abtretung der GS erfolgt, ergibt sich im Ergebnis nichts anderes. Denn diese dann unter § 1156 BGB fallenden Tatbestände sollen nach dem Willen des Gesetzgebers unter § 1192 Ia S. 1 HS. 1 am Ende BGB fallen („oder sich aus dem Sicherungsvertrag ergeben“), vgl. Tyroller, Life & Law 2008, 769 ff.

SiGS, Trennung von Forderung und GS

Über den SicherungsV sind gesicherte Forderung und SiGS miteinander verbunden. Der Gl/SN kann jedoch die Forderung und die GS an verschiedene Personen veräußern, es sei denn, die Parteien haben ausdrücklich eine Trennung von GS und Forderung ausgeschlossen.

Sind Inhaber der Forderung und Inhaber der GS jedoch personenverschieden, kann sich in bestimmten Fällen die Frage stellen, ob beide einen Anspruch aus ihrem Recht haben.

S nimmt bei Gl ein Darlehen i.H.v. 1 Mio. € auf, zu dessen Sicherung er ihm eine SiGS an seinem Grundstück bestellt. Wenig später tritt Gl die Darlehensforderung an X, die GS an Y ab. Nachdem Forderung und GS fällig sind, wollen sowohl X als auch Y gegen S vorgehen.

Kann sich S gegen die zweifache Inanspruchnahme wehren?

1. Anspruch X gegen S aus § 488 i.V.m. § 398 S. 2 BGB.

Die Abtretung ist nicht unwirksam, weil sie nicht in der Form des § 1154 BGB erfolgte, denn § 1154 BGB gilt nicht für die Übertragung der durch die GS gesicherten Forderung, diese wird nur nach § 398 BGB übertragen.

Es könnte jedoch die **Abtretung gem. § 399, 2.Alt. BGB ausgeschlossen** sein. Eine **ausdrückliche Vereinbarung liegt nicht vor**. In der Sicherungsabrede zwischen S und Gl könnte jedoch eine **stillschweigende Vereinbarung** liegen, dass die Forderung nur zusammen mit der GS abgetreten werden kann. **Würde man dies bejahen, würde die GS aber in unzulässiger Weise der Hypothek angenähert.** Eine solche Annäherung darf jedoch nur aufgrund besonderer Vereinbarung erfolgen. § 399, 2.Alt. BGB liegt nicht vor.

S kann jedoch **über § 404 BGB dem X Einreden entgegenhalten**, die ihm im Verhältnis zu Gl zustanden. **Bei Geltendmachung der Forderung durch Gl hätte S aufgrund der Sicherungsabrede Zug um Zug gegen Zahlung des Forderungsbetrages Rückabtretung der GS verlangen können**. Bis zur Rückabtretung hätte S **ein ZbR gem. § 273 BGB** geltend machen können. Dem Anspruch des X aus §§ 398 S. 2, 488 BGB steht damit eine dauernde Einrede entgegen, da X die Rückübertragung der GS nicht bewirken kann.

2. Anspruch Y gegen S aus §§ 1192 I i.V.m. 1147 BGB.

Y ist Inhaber der GS. S könnte evtl. **aus der Sicherungsabrede mit Gl eine Einrede gegen die GS** haben, die er auch Y gegenüber gem. § 1157 S. 1 BGB entgegenhalten kann (§ 1192 Ia BGB). Fraglich ist, ob S gegenüber Gl hätte geltend machen können, er habe aus der Sicherungsabrede einen Anspruch auf Rückübertragung der GS, da der Gl diese nur zur Sicherung eines bestimmten Anspruchs geltend machen dürfe, den er nach der Abtretung an X nicht mehr innehabe. Ein solches Gegenrecht besteht jedoch nicht. **Durch die Vereinbarung im SicherungsV**, die die Forderung und GS miteinander verknüpft, **soll der Schuldner vor einer doppelten Inanspruchnahme geschützt werden**, er soll dabei jedoch nicht von jeglicher Leistungspflicht befreit werden. **Ist S vor einer Inanspruchnahme aus der Forderung durch § 273 BGB geschützt, so kann ihm nicht auch noch gegenüber dem GS-Inhaber Y ein LeistungsverweigerungsR zugestanden werden**. S muss also die Zwangsvollstreckung in sein Grundstück dulden.

hemmer-Methode: S kann die Zwangsvollstreckung durch Zahlung der (restlichen) Darlehenssumme an Y abwenden, § 1142 BGB analog.

Der SiEigentümer kann sein SiEigentum auf Dritte übertragen. Da die Sache meist im Besitz des SG verbleibt, erfolgt die Übertragung auf einen Dritten dann durch Abtretung des Herausgabeanspruchs des SN gegen den SG gem. §§ 929, 931 BGB. Verlangt der Dritte die Sache vom SG heraus, ist dieser über § 986 II BGB geschützt.

SG hat zur Sicherung eines Darlehens an Gl einen Traktor gem. §§ 929, 930 BGB zur Sicherung übereignet. Es wurde vereinbart, dass nach Rückzahlung des Darlehens Gl das Sicherungsgut wieder auf SG rückübereignen soll. Entgegen der Abmachung des Sicherungsvertrages übereignet Gl den Traktor an Bauer D gem. §§ 929, 931 BGB weiter. SG zahlt das Darlehen zurück.

Kann sich SG gegen einen Herausgabeanspruch des D wehren?

Der Herausgabeanspruch des D gegen SG könnte sich aus § 985 BGB ergeben.

D hat wirksam Eigentum gem. §§ 929, 931 BGB am Traktor von Gl erhalten. SG hat sein Eigentum bereits durch die Sicherungsübereignung gem. §§ 929, 930 BGB verloren. Gl verfügte gegenüber D als Berechtigter.

SG kann sich jedoch über § 986 II BGB gegen einen Herausgabeanspruch des D wehren. D bleiben nämlich über § 986 II BGB alle Einwendungen gegen den nach § 931 BGB abgetretenen Herausgabeanspruch des alten SiEigentümer Gl auch gegenüber dem Herausgabeverlangen des neuen Eigentümers D erhalten. **SG war gegenüber Gl aus dem Sicherungsvertrag solange zum Besitz des Traktors berechtigt, wie er seiner Verpflichtung aus dem Darlehensvertrag nachkam**. Erst im Zeitpunkt des Sicherungsfalles wäre dieses Besitzrecht erloschen. **Erst recht ist SG zum Besitz berechtigt, wenn er die Darlehensforderung voll beglichen hat. Ab diesem Zeitpunkt steht dem SG eine dauernde Einrede gegen den Herausgabeanspruch des Gl zu. Diese Einrede kann er nun über § 986 II BGB auch gegenüber D geltend machen**. D hat damit gegen SG keinen durchsetzbaren Herausgabeanspruch, solange dieser seinen Verpflichtungen aus dem Darlehensvertrag nachkommt. Nach vollständiger Rückzahlung des Kredits hat SG sogar eine dauernde Einrede.

hemmer-Methode: SG hat gegen D keinen Anspruch auf Rückübertragung des Eigentums, es sei denn, es läge ein Fall vorsätzlicher, sittenwidriger Schädigung durch den Dritten vor, § 826 BGB. Zwar hat SG aus dem Sicherungsvertrag einen Rückübertragungsanspruch gegen Gl, dieser nutzt ihm jedoch nichts, weil dem Gl die Erfüllung der Rückübereignung unmöglich geworden ist, § 275 I BGB.

SG ist im Fall also im Besitz des Traktors, den D, obwohl er Eigentümer ist, nicht vom SG herausverlangen kann (zur weiteren Lösungsmöglichkeit dieser Konfliktsituation siehe H/W, KreditsR, Rn. 317 f.).

Bei Pfandrecht und Sicherungszession gibt es keinen gutgläubigen einredefreien Erwerb des Sicherungsmittels durch einen Dritten.

1. **Erklären Sie aus der Systematik dieser Sicherungsrechte heraus, warum ein gutgläubiger lastenfreier Erwerb nicht möglich ist.**
2. **Warum gibt es für die Sicherungszession nicht eine dem § 986 II BGB entsprechende Regelung?**

1. Pfandrecht: Der **Verpfänder verliert weder die Einreden aus dem Sicherungsvertrag noch die aus dem forderungsbegründenden Schuldverhältnis**, die er über § 1211 BGB auch gegen das Pfandrecht geltend machen kann.

Grund hierfür ist, dass für einen **gutgläubigen Erwerb stets ein Gutglaubenstatbestand erforderlich** ist. Bei den Grundpfandrechten kann der gute Glaube am Grundbuch festgemacht werden. **Ein solcher Gutglaubenstatbestand fehlt beim Pfandrecht jedoch**: **Der Besitz alleine weist nämlich nicht aus, dass das Pfandrecht ohne Gegenrechte besteht.**

Deshalb fehlt bei den Vorschriften über das Pfandrecht auch eine dem § 1138 BGB entsprechende Regelung. Mit Erlöschen der gesicherten Forderung erlischt auch das Pfandrecht gem. § 1252 BGB. Es gibt kein forderungsentkleidetes Pfandrecht.

Sicherungszession: Die **Sicherungszession stellt eine Abtretung dar**. Bei einer **Forderungsabtretung ist jedoch ein gutgläubiger einredefreier Erwerb nicht möglich. Über § 404 BGB bleiben die Einreden des S gegen den Alt-Gl** (= SG) **auch gegenüber dem Neu-Gl** (= SN) **bestehen**. Tritt der SN die Forderung erneut an einen Dritten ab, bleiben dem S die Einreden gegen SN auch gegenüber dem Dritten über § 404 BGB erhalten.

§ 404 BGB betrifft jedoch nur das Verhältnis zwischen dem Schuldner und dem jeweiligen Forderungsinhaber, nicht auch das Verhältnis zwischen SG und SN. Der SG kann gegen eine abredewidrige Verwertung der Forderung beim Schuldner nichts tun.

2. Eine dem § 986 II BGB entsprechende Regelung gibt es bei der Sicherungszession nicht, denn bei einer Forderung kann es kein Auseinanderfallen von Eigentum und Besitz wie bei einer beweglichen Sache geben. Der SN kann das Recht also auf einen Dritten übertragen, ohne dass der SG dem Forderungserwerber Einreden entgegenhalten könnte.

hemmer-Methode: Lesen Sie dazu nochmals H/W, KreditsR, Rn. 304, 320.

Beim Eigentumsvorbehalt bleibt der Verkäufer zwar Eigentümer, sein Eigentum ist jedoch mit einem Anwartschaftsrecht belastet. Veräußert der Verkäufer die Kaufsache gem. §§ 929, 931 BGB an einen Dritten, besteht die Gefahr, dass der Käufer sein Anwartschaftsrecht über §§ 161 III, 936 BGB durch gutgläubigen lastenfreien Erwerb des Dritten verliert. § 936 III BGB gibt dem Käufer jedoch einen gewissen Schutz.

S hat bei Gl ein Auto unter EV gekauft und gleich mitgenommen. Noch vor der letzten Ratenzahlung durch S veräußert Gl das Auto gem. §§ 929, 931 BGB an D, der von dem Vorbehaltskauf des S nichts weiß. D geht zu S und verlangt unter Vorlage des Kaufvertrages das Auto heraus. S übergibt es ihm widerspruchslos. Gl weigert sich jedoch, dem S die bereits gezahlten Raten zurückzuerstatten. S möchte jetzt das Auto wieder von D zurück.

Hat S gegen D einen Anspruch auf Herausgabe aus § 985 BGB?

Der Anspruch des S gegen D könnte sich gem. § 985 BGB analog ergeben. D ist im Besitz des Autos. S ist jedoch nicht Eigentümer geworden, da der Eigentumserwerb des S unter der aufschiebenden Bedingung voller Kaufpreiszahlung stand, die jedoch nie eingetreten ist. Somit scheidet § 985 BGB (direkt) aus.

S war jedoch als EV-Käufer anwartschaftsberechtigt. **§ 985 BGB könnte analog anwendbar sein, wenn das AnwartschaftsR dem Erwerber eine mit dem Eigentum vergleichbare Rechtsposition verleiht und somit auch des gleichen Schutzes bedarf wie das Vollrecht. Das wäre dann der Fall, wenn das Anwartschaftsrecht ein dingliches Besitzrecht** (= ein RzB gegenüber jedermann) **verleihen würde. Dies ist sehr strittig** (vgl. SachenR II, Rn. 164 ff.), **die h.M. bejaht jedoch ein solches dingliches Besitzrecht.** S könnte jedoch sein **AnwartschaftsR durch einen gutgl. lastenfreien Erwerb des D verloren** haben. Gl hat über das Auto als Eigentümer verfügt. Die **Übereignung an D erfolgte gem. §§ 929, 931 BGB** durch Abtretung des HerausgabeA des Gl gegen S. Unbeachtlich ist dabei, dass Gl im Zeitpunkt der Veräußerung an D das Auto gar nicht von S herausverlangen konnte, da S seine Raten vereinbarungsgemäß zahlte. Gl konnte jedoch seinen potenziellen HerausgabeA nach einem Rücktritt gem. § 323 BGB an D abtreten. Damit ist D Eigentümer des Autos geworden, **das AnwartschaftsR jedoch ist dadurch nicht erloschen, denn gem. § 161 I BGB ist eine Zwischenverfügung für den Anwartschaftsberechtigten unschädlich, da sie mit Bedingungseintritt unwirksam wird**.

Etwas anderes gilt jedoch, wenn D gem. §§ 161 III, 936 I BGB gutgläubig lastenfrei erworben hat. D war gutgläubig i.S.d. §§ 936 II, 932 II BGB. Der lastenfreie Erwerb erfolgt gem. § 936 I BGB, wobei § 936 III BGB zu beachten ist. **Gem. § 936 III BGB erlischt das AnwartschaftsR des unmittelbaren Besitzers** (hier des S im Zeitpunkt der Veräußerung an D) **auch gegenüber dem gutgläubigen Erwerber nicht. Dies kann jedoch dann nicht der Fall sein, wenn der Besitzer den Besitz auf den Erwerber überträgt, ohne den Erwerber auf sein dingliches Besitzrecht hinzuweisen**. Denn wäre S schon Eigentümer gewesen, so hätte D mit Besitzerlangung von S gutgläubig Eigentum erworben gem. §§ 934, 2.Alt., 931 BGB. S war im Fall aber nur Anwartschaftsberechtigter und kann nicht stärker geschützt sein als ein Eigentümer. **§ 936 III BGB hilft in einem solchen Fall nicht**. Da das AnwartschaftsR des S von D gutgläubig wegerworben wurde, hat S **keinen Anspruch gem. § 985 BGB analog**.

hemmer-Methode: Lesen Sie zum gutgläubigen lastenfreien Erwerb nochmals H/W, SachenR II, Rn. 113 ff.

Resümieren Sie das Problem des gutgläubigen lastenfreien Erwerbes nochmals. Ausgangspunkt ist, dass der SN das Sicherungsmittel weiterveräußert hat. Die Frage, die Sie sich dann stellen müssen, ist, ob der SG auch gegenüber dem Erwerber die Einreden geltend machen kann, die ihm gegen den SN zustanden.

Fassen Sie nochmals die Problematik des gutgläubigen einredefreien Erwerbes bei den verschiedenen Sicherungsmitteln zusammen!

1. Forderungserwerb: So wie das Gesetz keinen gutgläubigen Forderungserwerb kennt, so kennt es auch keinen gutgläubigen einredefreien Forderungserwerb, § 404 BGB.

2. Bürgschaft: Über §§ 412, 401, 404 BGB bleiben dem Bürgen gegenüber dem Neu-Gl die Einreden erhalten, die er dem Alt-Gl einer Inanspruchnahme aus der Bürgschaft entgegenhalten hätte können.

3. Schuldbeitritt: Geht die Sicherheit aus dem Schuldbeitritt gem. § 401 BGB analog bei einer Übertragung der gesicherten Forderung mit auf einen Erwerber über, bleiben dem SG die Einreden über §§ 412, 401 analog, 404 BGB auch dem Erwerber der Sicherheit gegenüber erhalten.

4. Hypothek: Die pfandrechtsbezogenen Einreden können über § 1138 BGB gutgläubig wegerworben werden, die schuldnerbezogenen Einreden unter den Voraussetzungen des § 1157 S. 2 BGB.

5. SiGS: Sowohl pfandrechts- als auch schuldnerbezogene Einreden können über die §§ 1192 I, 1157 S. 1 BGB dem Erwerber der GS entgegengehalten werden. Ein gutgläubiger Erwerb ist ausgeschlossen, § 1192 Ia S. 1 BGB.

6. Pfandrecht: Beim Pfandrecht gibt es aufgrund fehlenden Gutglaubenstatbestandes keinen gutgläubigen lastenfreien Erwerb.

7. Sicherungszession: Es gibt keinen gutgläubigen einredefreien Forderungserwerb, § 404 BGB.

8. Sicherungsübereignung: Der SG kann dem neuen Eigentümer Einwendungen die ihm gegenüber dem SN zustanden, evtl. über § 986 II BGB entgegenhalten.

9. Eigentumsvorbehalt: Das Anwartschaftsrecht des EV-Käufers kann über §§ 161 III, 936 BGB gutgläubig wegerworben werden. Zu beachten ist jedoch die Regelung des § 936 III BGB.

hemmer-Methode: vgl. dazu H/W, KreditsR, Rn. 289-325.

Sind SG und S personenverschieden (und auch nur dann!!!), und hat sich der SN beim SG befriedigt, kann SG nun vom S Ausgleich verlangen.

Der Rückgriff bei der Bürgschaft: Aus dem Innenverhältnis Bürge - Hauptschuldner ergibt sich häufig bereits ein Aufwendungsersatzanspruch des Bürgen, z.B. aus § 670 BGB. Da- neben hat der Bürge noch die Rückgriffsmöglichkeit nach § 774 BGB.

S und SG wollen zusammen bei Gl ein Darlehen i.H.v. 10.000 € aufnehmen. Vertragspartner des Gl wird jedoch nur S, SG hingegen verbürgt sich selbstschuldnerisch. Beide verwenden das Darlehen gemeinsam. Als die Darlehensforderung fällig wird, wendet sich Gl an SG, der aufgrund seiner Bürgschaftsverpflichtung 10.000 € an Gl zahlt. Jetzt verlangt SG das Geld von S.

Hat SG einen Anspruch gegen S?

SG könnte gegen S einen **Anspruch gem. § 774 I S. 1 i.V.m. § 488 BGB** haben. **Bei der Regelung des § 774 BGB handelt es sich um einen gesetzlichen Forderungsübergang (cessio legis).** Die gesicherte Forderung erlischt nicht mit Zahlung des Bürgen, da dieser nicht gem. § 267 BGB auf die gesicherte Forderung zahlt, sondern auf seine eigene Verbindlichkeit aus § 765 BGB. **Soweit der Bürge den Gl befriedigt hat, geht der Anspruch des Gl gegen den Haupt-S auf den Bürgen über**. Die Forderung kann jedoch nur in der Höhe auf den SG übergehen, soweit er an Gl gezahlt hat. **Im Fall** hat SG i.H.d. gesamten Darlehensforderung gezahlt. Grds. hätte SG damit die Forderung aus § 488 BGB über § 774 I BGB in vollem Umfang erworben.

Fraglich ist, inwieweit sich § 774 I S. 3 BGB auf den Forderungserwerb auswirkt**. § 774 I S. 3 BGB regelt den Einfluss des Innenverhältnisses zwischen Bürgen und Hauptschuldner auf die cessio legis**. Im Innenverhältnis zwischen Bürge und Hauptschuldner können die verschiedensten Regelungen vorliegen, z.B. ein Auftrag gem. § 662 BGB, ein entgeltlicher Geschäftsbesorgungsvertrag gem. § 765 BGB oder eine Schenkung gem. § 516 BGB. Aus ihnen kann sich bereits ein Ausgleichsanspruch des Bürgen ergeben**. Aus der Vereinbarung zwischen Bürgen und Haupt-S ergibt sich damit jedenfalls, wer die Hauptschuld im Verhältnis zwischen den beiden letztlich zu welchem Anteil tragen soll.**. Wie dieses Resultat im Einzelnen erreicht wird, ist umstritten:

- In einem solchen Fall wird zum einen angenommen, dass die **Hauptforderung** unabhängig von einer Ausgleichsforderung im Innenverhältnis **insgesamt auf den Bürgen übergeht**. S stünde **über § 774 I S. 3 BGB jedoch die Einrede** zu, dass SG sich aufgrund des Innenverhältnisses nur zur Hälfte aus der Forderung befriedigen darf.

- Einfacher zu handhaben und daher **vorzugswürdig ist** jedoch die Ansicht., die davon ausgeht, **dass der Forderungsübergang nur i.R.d. Innenverhältnisses erfolgt**. Der Forderungsübergang „steht und fällt" damit mit der Ausgleichsforderung im Innenverhältnis.

Im Fall haben SG und S vereinbart, dass beide das Darlehen zusammen tragen sollen, also im Ergebnis jeder die Hälfte bezahlen soll. **SG hat damit aus § 774 I BGB i.V.m. § 488 BGB einen Anspruch i.H.v. 5.000 €.**

hemmer-Methode: Die Rückgriffsforderung aus § 774 I BGB und die Ausgleichsforderung aus dem Innenverhältnis sind deckungsgleich. Jedoch nur bei der cessio legis des § 774 I BGB erwirbt der Bürge über §§ 412, 401 BGB auch die übrigen, neben seiner Bürgschaft bestehenden, akzessorischen Sicherungsmittel.

Keine Nebenrechte i.S.d. § 401 BGB stellen die selbständigen, nicht-akzessorischen Sicherungsmittel wie das Sicherungseigentum und der Eigentumsvorbehalt dar. Ob der zahlende Bürge trotzdem mit der Hauptforderung auch die sie sichernden nicht-akzessorischen Sicherungsmittel erwirbt, soll der nächste Fall klären.

S hat bei Gl ein Auto unter EV gekauft und auch gleich mitgenommen. SG hat sich für die Kaufpreisforderung verbürgt. Gl nimmt, da S nicht zahlungsfähig ist, SG aus dem Bürgschaftsvertrag in Anspruch. SG zahlt an Gl und versucht ebenfalls das Geld von S zu bekommen. Als er von dem vereinbarten EV erfährt, ist er der Meinung, dass ihm, nachdem er den Gl befriedigt hat, das Eigentum am Auto zustehen muss.

Wie ist die Rechtslage?

1. Die Kaufpreisforderung des Gl gegen S ist gem. § 774 I S. 1 BGB auf SG übergegangen. Damit hat SG einen Zahlungsanspruch gegen S, der für ihn jedoch momentan aufgrund der Zahlungsunfähigkeit des S wertlos ist.

2. Fraglich ist, ob SG das Auto von S herausverlangen kann und es zur Befriedigung seiner Forderung gegen S verwerten kann. Dann müsste das Vorbehaltseigentum des Gl auf den SG übergegangen sein.

Das Vorbehaltseigentum ist jedoch nicht gem. §§ 412, 401 BGB mit der cessio legis hinsichtlich der Kaufpreisforderung übergegangen. Der EV ist ein nicht-akzessorisches Sicherungsmittel, auf das § 401 BGB keine Anwendung findet. **Auch eine analoge Anwendung des § 401 BGB ist ausgeschlossen**.

Allerdings ist folgende Situation zu berücksichtigen: Der Eigentumsvorbehalt des Gl ist durch Zahlung des SG nicht erloschen. Die Anwartschaft des S erstarkt erst zum Vollrecht, wenn die Kaufpreisforderung vollständig beglichen ist. SG hat jedoch nicht auf die Kaufpreisforderung gem. § 267 BGB geleistet, sondern auf seine eigene Bürgschaftsverpflichtung. Damit ist die Kaufpreisforderung noch nicht erloschen. **Aufgrund der cessio legis des § 774 I S. 1 BGB steht damit SG die Kaufpreisforderung gegen S zu, während der Gl weiterhin Vorbehaltseigentümer ist, obwohl er kein Sicherungsbedürfnis mehr hat, da er aufgrund der Zahlung des SG befriedigt worden ist**.

In einer solchen Konstellation kann sich **aus dem Sicherungsverhältnis zwischen Gl und SG eine schuldrechtliche Verpflichtung des Gl zur Übertragung der** parallel zur Bürgschaft bestehenden **nicht-akzessorischen Sicherungsmittel** ergeben. Fehlt es an einer solchen ausdrücklichen Regelung, kann der Sicherungsvertrag dahin gehend ausgelegt werden, sofern nicht eine ausdrückliche anderweitige Abrede mit dem SG entgegensteht.

Damit hat **SG gegen Gl aus dem Sicherungsvertrag einen Anspruch auf Übertragung des Vorbehaltseigentums am Auto gem. §§ 931, 929 BGB**. Kann SG seinen Rückgriffsanspruch gegen S aus § 774 I S. 1 i.V.m. § 433 II BGB nicht durchsetzen, kann er dann wenigstens das Auto von S herausverlangen und verwerten.

hemmer-Methode: § 401 BGB wird ausnahmsweise bei bestimmten Sicherungsrechten analog angewandt. Merken sollten Sie sich die analoge Anwendung von § 401 BGB auf die Vormerkung und die sichernde Schuldmitübernahme (vgl. H/W, KreditsR, Rn. 352 ff.).

In diesem Zusammenhang soll auch § 776 BGB besprochen werden. Dem Gl stehen oftmals parallel neben einer Bürgschaft andere Sicherungsmittel zu, die neben der Bürgschaft dieselbe Forderung sichern. Gibt der SN nun eine dieser Sicherheiten auf, erlischt die Bürgenpflicht, soweit sich der Bürge wegen eines künftigen gesetzlichen Forderungsüberganges nach §§ 774 i.V.m. 412, 401 BGB aus dem aufgegebenen Recht hätte befriedigen können.

Lesen Sie vor der Falllösung zunächst § 774 II BGB.

Für die Darlehensschuld des S i.H.v. 10.000 € haben sich sowohl SG als auch Y verbürgt. Da Y ein Freund des Gl ist, will Gl nur den SG in Anspruch nehmen und verzichtet auf den Anspruch aus Bürgschaftsvertrag, der ihm gegen Y zusteht. Als Gl den SG in Anspruch nimmt, zahlt dieser die volle Summe. Danach erfährt SG, dass Gl Y aus seiner Bürgenschuld entlassen hat. Er will sein Geld zurück.

Anspruch des SG?

SG könnte ein teilweiser Rückzahlungsanspruch aus § 812 I S. 1, 1.Alt. BGB gegen Gl haben.

Dann müsste SG **ohne Rechtsgrund** an Gl geleistet haben. **Gem. § 776 BGB könnte zumindest teilweise der Anspruch des Gl gegen SG aus der Bürgschaft erloschen sein. Sinn und Zweck des § 776 BGB ist es, den Bürgen vor einem Rechtsverlust zu schützen**. Gibt der Gl ein parallel zur Bürgschaft bestehendes Sicherungsmittel auf, erwirbt der Bürge mit Zahlung weiterhin die gesicherte Forderung, § 774 I S. 1 BGB, jedoch nicht mehr gem. §§ 412, 401 BGB das zuvor aufgegebene Sicherungsmittel. **Deshalb sieht das Gesetz vor, dass die Bürgschaftsverpflichtung im Umfang der Rechtsaufgabe durch den Gl erlischt. Indem Gl auf die Bürgschaftsverpflichtung des Y verzichtet hat, hat er das Sicherungsmittel der Bürgschaft des Y i.S.d. § 776 BGB aufgegeben**. Aufgeben bedeutet dabei rechtliche Beseitigung oder tatsächlicher Verlust der Verwertungsmöglichkeit z.B. durch Verzicht, Rückübertragung etc. Dabei muss ein vorsätzliches aktives Tun des Gl vorliegen. Allein fahrlässiges Handeln ist nicht ausreichend.

In welchem Umfang die Bürgschaftsverpflichtung erloschen ist, richtet sich danach, inwieweit im Falle der Zahlung durch den Bürgen vor einer Aufgabe des anderen parallel bestehenden Sicherungsmittels **der SG gegen Y hätte Rückgriff nehmen können**. **Gem. § 774 II BGB haften mehrere Bürgen untereinander wie Gesamtschuldner**. Das bedeutet, dass vom urspr. Anspruch des Gl auf den zahlenden Mitbürgen i.d.R. gem. §§ 774 I, 412, 401 BGB nur ein nach Kopfteilen zu bestimmender Teil des Anspruchs gegen den anderen Mitbürgen übergeht.

Die Regelung des § 774 II BGB verhindert einen „Wettlauf der Sicherungsgeber“. Ohne die Regelung stünde immer der Bürge besser, der als erster seine Bürgschaftsverpflichtung begleicht, da er den vollen Rückgriff bei dem anderen Bürgen nehmen könnte. Es soll jedoch nicht der zuerst zahlende Bürge nur deshalb bei dem anderen Rückgriff nehmen können, weil er der Schnellste war.

Hätte Gl nicht auf seine Forderung gegen Y verzichtet, hätte SG einen hälftigen Ausgleichsanspruch gehabt. SG wurde damit i.H.d. Hälfte seiner Verpflichtung gem. § 776 BGB frei und hat insoweit ohne Rechtsgrund geleistet. **SG hat einen Anspruch gegen Gl i.H.v. 5.000 € aus § 812 I S. 1, 1.Alt. BGB** (vgl. H/W, KreditsR, Rn. 332 f.).

hemmer-Methode: Rechte i.S.d. § 776 BGB sind alle in § 401 BGB genannten Nebenrechte sowie SiE, GS, EV und SiZession. § 776 BGB findet keine entsprechende Anwendung auf andere Fälle der Risikoübernahme, wie Schuldbeitritt oder Garantievertrag.

Beim Pfandrecht erfolgt der Rückgriff über § 1225 BGB, der auf § 774 BGB verweist. Zahlt einer von mehreren Verpfändern, hat er gem. § 774 II BGB analog nur einen kopfteiligen Ausgleichsanspruch gegen den bzw. die anderen Verpfänder. Der Ausgleichsanspruch eines Verpfänders gegen den/die anderen ist jedoch auf den Wert der Pfandsache des ausgleichspflichtigen Verpfänders beschränkt. Schließlich ist das Risiko des Verpfänders von vornherein auf den Wert der Pfandsache begrenzt.

S hat bei Gl ein Darlehen aufgenommen. X hat zur Sicherung der Darlehensforderung dem Gl ein Pfandrecht an seinem Familienschmuck bestellt. Y seinerseits hat sich für die Darlehensschuld des S verbürgt.

X zahlt nun an S. Hat X einen Anspruch gegen Y?

Der Anspruch des X gegen Y könnte sich aus §§ 1225, 488, 412, 401, 765 BGB ergeben.

Da es sich bei der Bürgschaft um eine akzessorische Sicherheit handelt, müsste der **zahlende Verpfänder über die cessio legis des § 1225 i.V.m. §§ 412, 401 BGB an sich auch die Bürgschaftsforderung im vollen Umfang erworben** haben. An diesem Ergebnis bestehen aber Bedenken, da umgekehrt auch der zahlende Bürge über § 774 I i.V.m. §§ 412, 401 BGB das Pfandrecht erworben hätte. **Nach dem Gesetz käme es an sich zum „Wettlauf der Sicherungsgeber“. Über die Lösung dieses Konflikts herrscht Streit**:

- Zum einen wird die Ansicht vertreten, dass der Bürge bei Zahlung an Gl **zwar über §§ 774 I, 412, 401 BGB das Pfandrecht in voller Höhe erwerbe, jedoch der zahlende Verpfänder gegen den Bürgen überhaupt keinen Anspruch erlange. Dieses Ergebnis sei durch § 776 BGB gerechtfertigt. Der Bürge sei besser als der Verpfänder gestellt**, da er bei Aufgabe anderer Sicherungsmittel durch den Gl von seiner Bürgenverpflichtung insoweit frei werde. Schließlich haftet der Bürge mit seinem ganzen Vermögen und nicht nur mit einem Gegenstand, er ginge also ein viel größeres Risiko als der Verpfänder ein.

Diese **Argumentation überzeugt jedoch nicht. § 776 BGB soll** wohl nur ein treuwidriges Verhalten des Gl sanktionieren und **nicht das Verhältnis mehrerer SG zueinander regeln**. Aus § 776 BGB eine Bevorzugung des Bürgen herzuleiten, kann nicht gerechtfertigt sein.

- **Deshalb ist die andere Ansicht, der auch der BGH folgt, vorzugswürdig. Sie wendet dieselben Grundsätze wie bei Mitbürgen an, § 774 II BGB**. Treffen Bürgschaft und Pfandrecht aufeinander, erhält der zahlende SG gegen den anderen Sicherungsgeber nur einen kopfteiligen Ausgleichsanspruch. Um aber einen Wettlauf der SG bei einem Zusammentreffen von Bürgschaft und Pfandrecht zu unterbinden, werden Verpfänder und Bürge als Mitbürgen im untechnischen Sinn behandelt. **Der Regress richtet sich damit nach §§ 774 II, 426 BGB analog**.

X kann von Y nach § 426 I S. 1 BGB hälftigen Ausgleich verlangen, wenn man davon ausgeht, dass im Innenverhältnis nichts anderes bestimmt ist.

hemmer-Methode: Auch beim Aufeinandertreffen von Bürgschaft und Hypothek oder GS muss ein „Wettlauf der Sicherungsgeber“ vermieden werden. Deshalb besteht auch in diesem Fall eine anteilige Ausgleichspflicht der SG untereinander gem. § 426 BGB analog (Zum EinlösungsR (§ 1223 BGB) und AblösungsR (§ 1249 BGB) des Verpfänders vgl. H/W, KreditsR, Rn. 342 ff.).

Beim Schuldbeitritt besteht zwischen S und SG ein Gesamtschuldverhältnis. SG schuldet die Zahlung der gesamten Schuld als eigene Verbindlichkeit. Befriedigt SG den Gl, kann er gegen S gem. § 426 I BGB oder gem. § 426 II BGB Rückgriff nehmen. Die beiden Absätze des § 426 BGB stellen zwei voneinander unabhängige Anspruchsgrundlagen dar, zwischen denen SG wählen kann. Die beiden Ansprüche können jedoch nur gemeinsam abgetreten werden.

SG ist einer Darlehensschuld des S i.H.v. 10.000 € zur Sicherung beigetreten. Nachdem SG an den Gl gezahlt hat, verlangt er nun seinerseits Zahlung von S.

Kann er von S Zahlung der 10.000 € in voller Höhe verlangen?

1. Anspruch gem. § 426 I BGB.

Der **Anspruch aus § 426 I BGB entsteht mit dem Gesamtschuldverhältnis** und nicht erst, wenn einer der Gesamtschuldner den Gl befriedigt. § 426 I BGB regelt das Innenverhältnis zwischen den Gesamtschuldnern. **Grds. sind die Gesamtschuldner zu gleichen Teilen verpflichtet**. Vor Bezahlung der Schuld, durch einen Gesamtschuldner hat jeder Gesamtschuldner gegen den anderen einen Anspruch, i.H.d. halben gesamten Schuld von einer Inanspruchnahme durch den Gl freigestellt zu werden. Nach Zahlung durch einen Gesamtschuldner wandelt sich der Freistellungsanspruch in einen kopfteiligen Ausgleichsanspruch um.

Der Ausgleichsanspruch ist dabei kopfteilig, „soweit nicht ein anderes bestimmt ist". Im Verhältnis von Schuldbeitretendem und S soll jedoch regelmäßig der S die zu sichernde Schuld alleine tragen. Es liegt damit bei einem Schuldbeitritt i.d.R. eine „andere Bestimmung" i.S.d. § 426 I BGB vor. SG hat nach Befriedigung des Gl einen Ausgleichsanspruch in voller Höhe der gesicherten Schuld von 10.000 €.

2. Anspruch gem. § 426 II BGB.

Die Regelung des § 426 II BGB stellt einen gesetzlichen Forderungsübergang (cessio legis) dar. **Der zahlende Gesamtschuldner erwirbt die Außenforderung des Gl gegen den anderen Gesamtschuldner. Allerdings nur soweit er vom anderen Gesamtschuldner Ausgleich aus dem Innenverhältnis verlangen kann. Ohne Ausgleichsforderung im Innenverhältnis kann die Außenforderung nicht gem. § 426 II BGB übergehen**. Da SG gegen den S einen Ausgleichsanspruch gem. § 426 I BGB i.H.v. 10.000 € hat, ist die Darlehensforderung des Gl gegen S auf SG gem. § 426 II BGB übergegangen.

SG kann wählen, ob er gegen S aus § 426 I BGB oder § 426 II BGB vorgehen möchte.

> **hemmer-Methode: Verdeutlichen Sie sich nochmals die Unterschiede zwischen den zwei Anspruchsgrundlagen der beiden Absätze des § 426 BGB. § 426 BGB entsteht mit dem Gesamtschuldverhältnis und verjährt nach § 195 BGB. § 426 II BGB greift ein, wenn ein Gesamtschuldner an den Gl gezahlt hat und ist in Bestand und Höhe vom Innenverhältnis der Gesamtschuldner bestimmt. Die Verjährung richtet sich nach den Verjährungsvorschriften, die für den übergegangenen Anspruch gelten. Der besondere Vorteil der cessio legis des § 426 II BGB liegt wiederum darin, dass mit der Außenforderung gem. §§ 412, 401 BGB auch die parallel bestehenden Sicherungsmittel auf den ausgleichsberechtigten Gesamtschuldner übergehen.**

Zu dem Problem des Rückgriffs, wenn Bürgschaft und Schuldbeitritt zusammentreffen, noch ein Fall:

SG hat an S einen Lkw verkauft. S nimmt zur Finanzierung des Kaufpreises bei Gl ein Darlehen auf, für dessen Rückzahlung sich auch SG als Gesamtschuldner verpflichtet. Zusätzlich verbürgt sich B. Als die Verpflichtung notleidend wird, nimmt Gl den B in Anspruch, der auch zahlt. B will bei SG Rückgriff nehmen.

Wie ist die Rechtslage?

1. Die Forderung Gl gegen SG könnte gem. § 774 I BGB auf B übergegangen sein, wenn sich B auch für SG verbürgt hätte. Es ist jedoch kein Wille des B erkennbar, für beide Gesamtschuldner zu haften. Eine Bürgschaft allein für eine Einzelforderung an einem Gesamtschuldverhältnis ist nach BGH auch möglich, da sich gem. § 425 BGB die Gesamtschuld dem Einzelschuldner gegenüber verschieden entwickeln kann.

2. Die Forderung Gl gegen SG könnte jedoch gem. §§ 774, 412, 401 BGB auf B übergegangen sein. Dann müsste die Forderung Gl gegen SG ein Nebenrecht der Forderung Gl gegen S i.S.v. § 401 BGB darstellen. Die Rspr. bejaht dies. **Befriedigt ein Gesamtschuldner den Gläubiger, so erwirbt er gem. § 426 II BGB die Forderung gegen den anderen Gesamtschuldner, soweit er von diesem einen Ausgleich verlangen kann. Diese Forderung sichert den AusgleichsA aus dem Innenverhältnis der Gesamtschuldner**, der sich von Anfang an aus § 426 I BGB ergibt. Die Forderung des Gläubigers gegen den ausgleichspflichtigen Gesamtschuldner stellt daher ein NebenR des Anspruchs des ausgleichsberechtigten gegen den ausgleichspflichtigen Gesamtschuldner i.S.d. § 401 analog BGB dar. **Dieser Vorteil müsse auch dem Bürgen zugutekommen**. Es muss dieselbe Rechtslage herbeigeführt werden, die bestünde, wenn der Gesamtschuldner, für den die Bürgschaft besteht (hier S), selbst gezahlt hätte. **Ein Bürge, der sich für den ausgleichsberechtigten Gesamtschuldner verbürgt und seiner Bürgenpflicht nachkommt, erwirbt gem. §§ 774, 412, 401 analog BGB auch die Forderung des Gl gegen den ausgleichspflichtigen Gesamtschuldner als NebenR.**

Im vorliegenden Fall ist aber die **Besonderheit** zu beachten, **dass S i.V.z. SG die Forderung des Gl allein zu erfüllen hat. Ihm steht daher im Innenverhältnis kein AusgleichsA aus § 426 I BGB gegen SG zu**. Deshalb wäre die Forderung Gl gegen SG auch nicht bei Rückzahlung des Darlehens durch S per Legalzession gem. § 426 II BGB auf S übergegangen. Die Forderung Gl gegen SG stellt dann kein NebenR der Forderung Gl gegen S i.S.d. § 401 BGB dar. **Die Forderung Gl gegen SG konnte nicht gem. §§ 774, 412, 401 analog BGB auf B übergehen, vielmehr ist sie erloschen. B hat keinen Anspruch gegen SG.**

hemmer-Methode: Medicus hingegen wendet § 426 I, II BGB analog an. Hätte SG an Gl gezahlt, so wäre sein Rückgriff gegen S nach §§ 426 II, 412, 401 BGB durch die Bürgschaft des B gesichert, während B bei Zahlung leer ausgeht. Dies würde dazu führen, dass ein Bürge für nur einen Gesamtschuldner schlechter steht als die übrigen Gesamtschuldner. Die Bürgschaft wäre als der gesetzlich geregelte Fall gefährlicher als der Schuldbeitritt. Nach Medicus kann B i.H.d. Hälfte des gezahlten Betrages bei SG gem. § 426 I, II BGB analog Rückgriff nehmen.

Rückgriffsnorm bei der Hypothek ist § 1143 BGB. Bei der SiGS hängt der Rückgriff des zahlenden SG davon ab, ob er auf die GS oder die gesicherte Forderung zahlt. Diese Problematik ist Ihnen bereits auf KK 45 und KK 46 begegnet.

1. **SG hat Gl zur Sicherung einer Forderung gegen S eine Hypothek bestellt. SG befriedigt den Gl i.H.d. Schuld des S. Kann SG bei S Rückgriff nehmen?**
2. **SG hat Gl zur Sicherung einer Forderung gegen S eine SiGS bestellt. Kann der SG Rückgriff auf S nehmen, wenn SG den Gl befriedigt hat?**

1. Gem. § 1143 I S. 1 BGB geht die gesicherte Forderung mit Befriedigung des Gl i.R. einer Legalzession auf den SG über. §§ 412, 401 BGB finden Anwendung. *Mit der Forderung gegen den S erlangt SG auch die sichernde Hypothek an seinem eigenen Grundstück; eine Eigentümerhypothek gem. §§ 1143, 1153 II BGB. Da die zu sichernde Forderung noch besteht, ist keine EGS entstanden. Allerdings bestimmen sich die Rechte des SG aus der Hypothek gem. § 1177 II BGB nach den für eine EGS geltenden Regelungen. Veräußert SG das Grundstück an einen Dritten, wandelt sich die Eigentümerhypothek in eine Fremd-GS, die dem SG zusteht, um. Beachten Sie, dass § 1143 I S. 2 BGB auf die Regelung des § 774 I BGB (NICHT auch Absatz 2) verweist und deshalb die cessio legis nur i.R.d. Innenverhältnisses von SG (Hypothekar) und S erfolgen kann.*

2. Fraglich ist zunächst, ob SG auf die Forderung oder auf die GS gezahlt hat. **Zahlt der SG auf die Forderung, bleibt Gl Inhaber der GS. SG steht jedoch aus dem SicherungsV ein schuldrechtlicher Rückübertragungsanspruch auf Rückgewähr der GS zu. Zahlt der SG auf die GS, wandelt sie sich von einer Fremd-GS in eine EGS um.** Zur Begründung des Ergebnisses werden drei Lösungen vertreten: § 1163 I S. 2 BGB analog oder §§ 1168, 1170 BGB analog oder §§ 1142, 1143 BGB analog. Nach BGH will der SG im Zweifel nur auf die sein Eigentum belastende GS und nicht zugleich auf die fremde persönliche Schuld leisten. Im Zweifel entsteht also eine EGS.
Die Forderung geht jedoch bei Zahlung auf die GS nicht gem. § 1143 BGB auf den zahlenden SG über. § 1143 BGB ist eine Regelung, die von der Akzessorietät der Hypothek ausgeht und kann deshalb auf die nicht-akzessorische GS nicht angewandt werden. **Der SG hat jedoch aus dem SicherungsV mit dem Gl/SN einen Anspruch auf Abtretung der gesicherten Forderung**. Schließlich ist der Gl nach Zahlung des SG befriedigt und bedarf der Forderung nicht mehr. Der Schuldner aus einer GS hat aufgrund der bestehenden Interessenlage ein Recht darauf, ebenso gestellt zu werden, wie ein sich in der gleichen Lage befindlicher Hypothekenschuldner. **Der Anspruch auf Abtretung der Forderung besteht jedoch nur soweit, wie der SG einen Ausgleichsanspruch im Innenverhältnis zum S hat**. Ist also der SG im Innenverhältnis gegenüber dem S zu Zahlung verpflichtet, so kann aus dem SicherungsV auch keine Verpflichtung zur Abtretung der Forderung bestehen. Die Forderung erlischt.

hemmer-Methode: Soweit die Vorschriften für die Hypothek eine Forderung voraussetzen, finden sie auf die GS keine Anwendung, § 1192 I BGB. Besteht jedoch bei der GS die gleiche Interessenlage wie bei der Hypothek, wird über die Auslegung des Sicherungsvertrages das gleiche Ergebnis herbeigeführt.

Sollten bei der SiÜ oder SiZession SG und S personenverschieden sein, kann auch bei diesen Sicherungsmitteln das Problem des Rückgriffs auftauchen.

Kaufmann S hat bei Gl ein Darlehen i.H.v. 50.000 € aufgenommen, das Gl bereits ausgezahlt hat. Gl hat sich zur Sicherung seiner Forderung von S mehrere Forderungen des S gegen Kunden abtreten lassen. Da ihm das zur Absicherung jedoch noch nicht ausreichte, hat er sich von SG auch noch ein Auto zur Sicherheit übereignen lassen. Übersicherung liegt nicht vor. Da S dem Gl das fällige Darlehen nicht zurückzahlen kann, verlangt Gl nun von SG das Auto heraus. SG hängt jedoch an seinem Vehikel sehr und möchte es nicht hergeben. Deshalb zahlt er kurzerhand an Gl eine Summe von 50.000 €. Später verlangt SG die 50.000 € von S. Schließlich stünde ihm jetzt die Darlehensforderung des Gl zu.

Stimmt das?

SG könnte gegen S einen **Anspruch i.H.v. 50.000 € aus § 488 BGB** zustehen, **wenn er Inhaber der Darlehensforderung geworden ist**.

SG konnte das Herausgabeverlangen des Gl nach Eintritt des Sicherungsfalls durch Zahlung abwenden. Wenn der Sicherungsvertrag zwischen SG und Gl ein solches Ablöserecht nicht vorsah, so wird man jedoch den Sicherungsvertrag i.R. einer Vertragsauslegung dahin gehend auslegen können. **Fraglich ist jedoch, was nach der Zahlung des SG mit der durch die Sicherungsübereignung gesicherten Darlehensforderung passiert ist:**

■ Zum einen wird vertreten, dass die **Zahlung des SG sich als Leistung des SG auf die Darlehensschuld des S darstellt und damit ein Fall des § 267 BGB vorliegt**. Da jedoch das Ablöserecht des SG bei einer Sicherungsübereignung kein Ablöserecht i.S.d. § 268 BGB ist, geht die Forderung damit auch nicht gem. § 268 III BGB auf den zahlenden SG über. **Nach dieser Ansicht wäre die Darlehensforderung mit Zahlung des SG erloschen**.

■ Nach der **h.M.** ist die **Zahlung des SG wie ein Forderungskauf zu behandeln**. Damit steht dem SG jedoch noch nicht automatisch die Forderung zu. Er hat nur lediglich gegen Gl einen **Anspruch aus dem Sicherungsvertrag auf Abtretung der Forderung und Übertragung der zur Sicherung der Darlehensforderung abgetretenen Forderungen gegen die Kunden des S**. Allerdings besteht der Anspruch des SG gegen Gl auf Abtretung der Darlehensforderung nur soweit, wie S dem SG im Innenverhältnis zum Ausgleich verpflichtet ist.

Der h.M. ist zu folgen, da sie interessengerechter ist und dem Willen der am Sicherungsvertrag beteiligten Parteien eher entspricht. **SG steht zwar oftmals noch aus dem Innenverhältnis gegenüber S ein Ausgleichsanspruch zu,** z.B. aus § 670 BGB bzgl. der gezahlten 50.000 €**. Dieser Ausgleichsanspruch ist jedoch nicht gesichert. Bleibt hingegen die Darlehensforderung bestehen und tritt der Gl sie an SG ab, gehen die parallel bestehenden Sicherungsmittel auf den SG gem. § 401 BGB über**. Falls § 401 BGB nicht anwendbar ist (wie bei der Sicherungszession), kann SG die Übertragung der anderen Sicherungsmittel aus dem SicherungsV verlangen.

Im Ergebnis steht dem SG die Darlehensforderung noch nicht zu, er kann aber von Gl Abtretung der Darlehensforderung und der zur Sicherheit abgetretenen Ansprüche gegen die Kunden des S aus dem SicherungsV verlangen.

hemmer-Methode: Verlieren Sie bei Ihrer Lösungssuche nie die Interessen der Parteien aus den Augen.

Zusammenfassung

Rekapitulieren Sie nochmals: Die Frage des Rückgriffs kann nur auftauchen, wenn Schuldner und Sicherungsgeber verschiedene Personen sind und der SG den Gl befriedigt hat.

Beim EV entstehen solche Regressprobleme praktisch nicht, weil hier der SG i.d.R. mit dem persönlichen Schuldner identisch ist.

Stellen Sie die Rückgriffsmöglichkeiten des SG bei den verschiedenen Sicherungsmitteln nochmals zusammen.

Aus dem Innenverhältnis zwischen S und SG wird sich zumeist aufgrund eines Auftrages, einer entgeltlichen Geschäftsbesorgung oder eines Gefälligkeitsvertrages ein Ausgleichsanspruch ergeben. Zudem kann der SG in allen Fällen aus der gesicherten Forderung vorgehen, die entweder durch cessio legis auf ihn übergegangen ist oder die der Gl ihm aufgrund des Sicherungsvertrages abtreten musste.

1. **Bürgschaft:** Cessio legis des § 774 BGB.

2. **Pfandrecht:** Cessio legis des § 1225 BGB.

3. **Hypothek:** Cessio legis des § 1143 BGB.

4. **Schuldbeitritt:** Cessio legis des § 426 II BGB (Beachte den Anspruch aus dem Innenverhältnis von S und SG, § 426 I BGB).

5. **SiGS:** Gl ist aus dem Sicherungsvertrag dazu verpflichtet, die gesicherte Forderung an SG abzutreten.

6. **SiÜ, SiZ:** Ebenfalls Anspruch des SG aus dem Sicherungsvertrag gegen Gl auf Abtretung der gesicherten Forderung.

7. **Eigentumsvorbehalt:** Beim EV entstehen Regressprobleme i.d.R. nicht.

hemmer-Methode: vgl. dazu H/W, KreditsR, Rn. 326-366.

Enthaftungstatbestände bei der Hypothek

§ 1120 BGB legt den Umfang der Hypothekenhaftung fest. Die Hypothek ist nicht nur eine Belastung des Grundstücks selbst, sondern erstreckt sich auch auf die wesentlichen und unwesentlichen Bestandteile, die Erzeugnisse und das Zubehör, welches ins Eigentum des Grundstückseigentümers gelangt ist. Auch ein Anwartschaftsrecht am Zubehör (Grund- stückseigentümer erwirbt z.B. ein Zubehör unter EV) fällt in den Hypothekenverbund. Erstarkt dann das Anwartschaftsrecht zum Vollrecht, setzt sich die Hypothekenhaftung gem. § 1287 BGB analog an der Sache selbst fort (siehe dazu ausführlich SachenR II, Rn. 177 ff.). Die Gegenstände, die in den Haftungsverbund fallen, können jedoch auch wieder frei werden. Dies richtet sich nach den §§ 1121 ff. BGB, die dem § 936 BGB als leges speciales vorgehen. Das Gesetz unterscheidet bei der Enthaftung zwischen drei Ereignissen: Veräußerung, Beschlagnahme und Entfernung der Sache vom Grundstück.

Welche Konstellationen der Enthaftung muss man unterscheiden?

Zunächst muss geprüft werden, ob ein Fall des § 1122 BGB (Lesen!) vorliegt. Ist § 1122 BGB zu verneinen, spielt die Veräußerung bei der Enthaftung eine Rolle. **Für die Enthaftung ist dann ausschlaggebend, in welcher Reihenfolge Veräußerung, Enthaftung und Beschlagnahme erfolgten:**

- Die **Beschlagnahme** hat **als Letztes** stattgefunden (Entfernung-Veräußerung-Beschlagnahme oder Veräußerung-Entfernung-Beschlagnahme):

Die Sachen sind in diesem Fall von der Hypothekenhaftung frei geworden, da die Beschlagnahme, was die Sache angeht, **nach Entfernung nur ins Leere gehen kann**. Auf einen guten Glauben des Erwerbers kommt es nicht mehr an. Dieser Fall ist in § 1121 I BGB geregelt.

- Die **Veräußerung** steht **an letzter Stelle** (Entfernung-Beschlagnahme-Veräußerung oder Beschlagnahme-Entfernung-Veräußerung):

Durch die Beschlagnahme ist bereits ein relatives Veräußerungsverbot entstanden, §§ 23, 146 ZVG. Der Erwerber kann die Sache nur lastenfrei gem. §§ 135, 136 BGB erwerben, wenn er hinsichtlich der Beschlagnahme gutgläubig war.

- Die **Entfernung ist das letzte Ereignis** (Beschlagnahme-Veräußerung-Entfernung oder Veräußerung-Beschlagnahme-Entfernung):

Dieser Fall ist in § 1122 II BGB geregelt. Bei der Veräußerung befindet sich die Sache noch auf dem Grundstück, der Erwerber muss also damit rechnen, dass sich die im Grundbuch eingetragene Hypothek auch auf die Sache erstreckt. **Ist die Hypothek nicht im Grundbuch eingetragen, erlangt der gutgl. Erwerber die Sache lastenfrei**, denn schließlich könnte er gem. § 892 BGB in diesem Fall das ganze Grundstück lastenfrei erwerben. **Ist die Hypothek jedoch eingetragen, ist es dem Erwerber verwehrt, sich dem Gläubiger gegenüber darauf zu berufen, er habe die Hypothek nicht gekannt, § 1122 II S. 1 BGB**. **Er kann die Sache jedoch dann gutgl. lastenfrei erwerben, wenn er bei der Entfernung der Sache vom Grundstück hinsichtlich der Beschlagnahme im guten Glauben ist, § 1121 II S. 2 BGB.**

hemmer-Methode: Bei der Enthaftung gilt es, um das richtige Ergebnis zu finden, also immer auf das zuletzt eingetretene Ereignis abzustellen.

Ein Klassiker unter den Kreditsicherungsproblemen ist die Kollision von verlängertem EV und Globalzession.

K erhält zur Finanzierung seines Geschäfts einen Kredit von der B-Bank. Zur Sicherung des Darlehens lässt sich die B-Bank alle künftigen Forderungen des K gegen seine Kunden im Voraus abtreten. Einige Zeit später liefert V dem K unter verlängertem EV Waren. K hat die Waren an D für 10.000 € weiterveräußert. Als K in finanzielle Schwierigkeiten gerät und den Kredit an die B-Bank nicht mehr zurückzahlen kann, zeigt die B-Bank dem D an, dass er die 10.000 € an sie zahlen soll. D zahlt auch tatsächlich an die B-Bank; als V dies erfährt, verlangt er von der B-Bank die 10.000 € heraus.

Hat V einen Anspruch gegen die B-Bank i.H.v. 10.000 €?

V könnte gegen die B-Bank einen Anspruch aus § 816 II BGB haben.

Dann müsste die B-Bank Nichtberechtigte sein. K konnte die künftige Forderung gegen D im Voraus abtreten. Die Abtretung künftiger Forderungen ist möglich, solange die Forderung hinreichend bestimmbar ist. Dies ist hier der Fall. **Allerdings hat K die Forderung zweimal abgetreten: zuerst i.R.d. Globalzession an die B-Bank, dann i.R.d. verlängerten EV** (vgl. nochmals KK 28) **an V. Grds. gilt der Prioritätsgrundsatz**, d.h. die zeitlich zuerst vorgenommene Abtretung ist wirksam, die weiteren Abtretungen können nur noch ins Leere gehen. **Damit könnte die B-Bank Forderungsinhaberin geworden sein.**

Etwas anderes würde jedoch gelten, wenn die Globalzession an die B-Bank unwirksam gewesen wäre. Anzeichen für eine Übersicherung, die zur Nichtigkeit nach § 138 BGB führt, liegen nicht vor. **Nach der Rspr. ist jedoch eine solche Globalzession häufig deshalb nichtig, weil sie den Abtretenden zum Vertragsbruch gegenüber seinem Lieferanten verleitet**. Da Lieferungen unter verlängertem Eigentumsvorbehalt üblich seien, und der Abnehmer, der nicht bar zahlen kann, häufig auch keine andere Möglichkeit habe, an neue Ware zu kommen, sei er nun praktisch gezwungen, seinen Lieferanten gegenüber die Unwahrheit zu sagen. Er müsse ihnen das Nichtvorliegen einer Globalzession vortäuschen. Wenn die Bank so etwas bei ihrem Handeln in Kauf nehme, sei dies sittenwidrig. **Die Rspr. räumt also den Interessen der Lieferanten gegenüber denen der Bank den Vorrang ein.**

Die Globalzession ist jedoch dann nicht gem. § 138 BGB nichtig, wenn eine sog. dingliche Verzichtsklausel vorliegt. In einer solchen Klausel erklärt die Bank, dass die im Voraus abgetretenen Forderungen automatisch freigegeben werden, wenn die Globalzession mit einem verlängerten EV aufeinander trifft. Eine Klausel, in der dem Vorbehaltsverkäufer **nur ein schuldrechtlicher Anspruch auf Freigabe** eingeräumt wird, **ist jedoch in der Bankpraxis nicht ausreichend**. **Hier ist überhaupt keine Verzichtsklausel ersichtlich. Damit ist die Globalzession gem. § 138 BGB nichtig**, die Abtretung an V ging nicht ins Leere. **B-Bank ist damit Nichtberechtigte**.

Inhaber der Forderung ist V. **Die Leistung des D an die B-Bank ist auch dem V gegenüber wirksam**. Wird an den vermeintlichen Erstzessionar gezahlt, greifen **§§ 407, 408 BGB analog** ein. **V hat einen Anspruch gem. § 816 II BGB gegen B-Bank i.H.v. 10.000 €.**

hemmer-Methode: Zur Kollision von verlängertem EV und Factoring: siehe H/W, BereicherungsR, Rn. 404 ff.

A

B

H

I

K

L

M

S

U

V

W

Z